법과 진리

하나의 의심스러운 사유형식의 문제점과 정당성

Vorwort zur koreanischen Übersetzung

Der Untertitel der kleinen Schrift, die vorliegend in koreanischer Übersetzung erscheint, verrät die Ambivalenz des Verfassers gegenüber der Vorstellung von "Wahrheit" oder "Richtigkeit" in Bezug auf Aussagen der Rechtswissenschaft und der Rechtspraxis. Der Rechtstheoretiker wird trotz der vehementen Verteidigung der "one right answer-thesis" durch Ronald Dworkin dazu neigen, die Vorstellung einer stets gegebenen einzig richtigen Entscheidung für eine Fiktion zu erklären. Andererseits kommt die Rechtspraxis ohne die Vorstellung, dass der Richter (generell: der Rechtsanwender) die richtige Entscheidung zu suchen habe, nicht aus.

Es ist der Grundgedanke dieses Textes, dass man nicht nur abstrakt über die Frage der Möglichkeit von Wahrheit (Richtigkeit) im Recht philosophieren, sondern die praktische Leistung von Wahrheitsansprüchen in Recht und Rechtswissenschaft untersuchen sollte. Hier ergibt sich zunächst, dass der Vorstellung von Wahrheit (Richtigkeit) eine wichtige Legitimationsfunktion zukommt. Analysiert man konkrete Institutionen der Rechtsordnung in Hinblick darauf, ob und inwieweit sie auf der Vorstellung von der Möglichkeit einer wahren (richtigen) Entscheidung basieren, so ergibt sich, dass in manchen Bereichen des Rechtssystems die Idee der einzig richtigen Entscheidung, in anderen die der Vertretbarkeit unterschiedlicher Entscheidungen zugrunde gelegt wird. Die "Vernunft der Institutionen" legt hier Differenzierungen nahe, die sich der rechtstheoretischen Reflexion jedenfalls nicht von vornherein aufdrängen.

Der Rückgriff auf konkrete Institutionen hat zur Folge, dass sich die Untersuchung hinsichtlich der gewählten Beispiele an einer bestimmten nationalen Rechtsordnung orientiert. Die Problemstellung, also die Frage nach dem Zusammenhang zwischen rechtstheoretischen Modellen einerseits, Entscheidungsstrukturen und -maximen der Rechtsordnung andererseits, ist aber grundsätzlicher Natur. Ich habe deshalb die Hoffnung, dass auch die Übersetzung dieses Textes einen Beitrag zur Intensivierung des höchst erfreulichen und fruchtbaren rechtsphilosophischen Austauschs leisten kann, der sich in den letzten Jahrzehnten zwischen Korea und Deutschland ergeben hat.

Meinen beiden hoch geschätzten Schülern, Prof. Dr. Hak-Tae Kim und Prof. Dr. Zai-Wang Yoon, die die Mühe der Übersetzung auf sich genommen haben, bin ich dafür sehr verbunden.

Ich widme diesen Text allen Kolleginnen und Kollegen der Rechtsphilosophie, mit denen ich bei meinen mehrfachen Besuchen in Korea höchst spannende wissenschaftliche Diskussionen führen konnte und die mich immer mit großer Gastfreundschaft und Herzlichkeit empfangen haben.

Frankfurt am Main, im November 2014

Prof. Dr. Dres.h.c. Ulfrid Neumann

한국어판 서문

이제 한국어로 출간되게 된 이 조그마한 책은 '하나의 의심스러운 사유형식의 문제점과 정당성'이라는 부제를 달고 있다. 이 부제에는 저자인 내가 법학과 법실무에서 등장하는 언명이 갖는 '진리성' 또는 '정당성'에 대한 사고와 관련하여 다음과 같은 양면적인 태도를 취하고 있다는 사실을 표현하고 있다. 즉, 법이론가들은 '유일하게 정당한 결정'이라는 테제를 적극적으로 옹호하려는 드워킨의 이론에도 불구하고 법의 세계에서 언제나 유일하게 정당한 결정이 이미 주어져 있다는 식의 사고는 순전히 허구에 불과할 뿐이라고 여긴다. 다른 한편 법관(또는 모든 법적용자)은 정당한 결정을 추구해야 한다는 사고가 없이는 법실무가 제대로 작동할 수 없다.

이 책은 법에서 진리(정당성)의 가능성을 둘러싸고 철학적 사유를 전개해야 할 뿐만 아니라, 법과 법학에서 제기되는 진리주장의 실천적 의미에 대해서도 탐구해야 한다는 사실을 기본적 출발점으로 삼고 있다. 이로부터 무엇보다 진리(정당성)에 관한 사고가 중요한 측면에서 정당화기능을 담당한다는 점을 밝히고자 했다. 또한 법질서 내의 구체적인 제도들이 과연 진리인(정당한) 결정의 가능성이라는 사고에 기초하고 있는지 여부 및 그 범위의 관점에서 분석함으로써 법체계의 어떤 영역에서는 유일하게 정당한 결정이라는 이념이, 다른 영역에서는 납득가능한 결정이라는 이념을 기반으로 삼는다는 점을 밝혔다. 즉, '제도가 갖는 이성'에 비추어 볼 때 서로 다른 이념이 지배하는 영역으로 나누어야 한다는 사실을 보여주고자 했다. 물론 법이론적 성찰에서는 그런 식의 분화가 절박한 문제로 등장하지는 않는다.

이와 같이 구체적인 제도들을 고려하게 되면 결과적으로 특정한 국가법질서에 존재하는 몇몇 예에 비추어 연구가 이루어지게 된다. 그렇지만 문제제기 자체, 즉 법이론적 모델과 법질서에 내재하는 결정구조 및 결정규칙 사이의 연관성에 대한 물음은 특정한 법질서를 초월하는 근원적인 성격을 갖는다. 그렇기 때문에 나는 이 한국어판이 지난 수십 년에 걸쳐 한국과 독일 사이에서 이루어졌던 풍성하고도 활기찬 법철학적 교류를 더욱 강화하는 데 기여할 수 있기를 희망한다.

나의 두 제자 김학태 교수와 윤재왕 교수가 이 책을 번역하는 수고를 맡아주었다. 두 사람에게 감사의 말과 함께 그들과의 깊은 유대감을 표현해두고 싶다.

나는 이 책을 한국의 동료 법철학자들에게 헌정한다. 나는 여러 번에 걸쳐 한국에 방문하여 그들과 수준 높은 학문적 토론을 진행하는 기쁨을 누렸다. 그들이 나에게 보여준 호의와 친절을 잊을 수 없다.

2014년 11월
프랑크푸르트에서
울프리드 노이만

CONTENTS

CONTENTS

I

: 서론

만일 진리가 진짜로 '거짓말쟁이가 멋대로 만들어낸 것'에 불과하다면,[1] 법과 진리에 관해 얘기하는 것은 이중의 정신적 부담을 떠안게 될 것이다. 왜냐하면 법의 영역에서 진리를 주장하는 것이 순전히 위선일 뿐이라는 비난은 필연적으로 법 또는 법적 결정을 기만적인 방식으로 정당화한다는 비난과 결부되지 않을 수 없기 때문이다. 다시 말해 법에서 진리를 주장한다는 것은 곧 정당성을 주장하는 것과 떼려야 뗄 수 없게 결합된다. 그렇

1 *v. Foerster/Pörksen*, Wahrheit ist die Erfindung eines Lügners. Gespräche für Skeptiker, 1998.

기 때문에 권위보다는 올바른 인식에 더 많은 비중을 두는 합리적 법체계에서 진리를 원용하는 것보다 더 강력한 정당화는 생각할 수 없다. 잘못된 인식에 기초한 법적 견해는 올바르게 입증된 법적 견해 앞에서는 - 라드브루흐의 표현을 빌리자면 - "명명백백한 진리 앞에서 폭로된 착오와 마찬가지로 창백하기 그지없는 것"[2]이 되고 만다. 이 점에서 어떤 법체계가 도저히 근거를 제시할 수 없는 진리주장을 제기함으로써 제대로 감당하지도 못할 정당화 부담을 떠안게 되면, 그러한 법체계 역시 창백한 - 또는 수치심에 얼굴을 붉히는 - 법체계가 되고 말 것이다.

다른 한편 인식론적 근거에서 볼 때에도 법에서 진리가 어떠한 의미를 갖는가라는 물음은 매우 위험한 지역에 발을 들여놓는 일이다. 이미 수 세기 전에 보편적인 진리기준을 찾으려는 노력을 조롱하면서 유명한 말을 남긴 어느 구경꾼이라면 그러한 물음 자체에 대해 아마도 다음과 같이 비아냥거리면서 웃어넘길 것이다. "이성적인 방식으로 물음을 제기할 수 있는 것이 무엇인가를 제대로 알고 있는 것 자체가 이미 현명함이나 통찰력을 갖고 있다는 사실에 대한 가장 확실하고 정확한 증거이다. 왜냐하면 만일 물음 자

2 *Radbruch*, Rechtsphilosophie, 3. Aufl. 1932, Gustav Radbruch-Gesamtausgabe(GRGA) Bd. 2, S. 241(라드브루흐의 이 표현은 자연법의 문제와 관련된 것이다).

체가 불투명한 상황에서 쓸데없이 대답을 요구한다면, 그런 물음을 제기한 사람이 창피해야 하는 것은 접어두더라도, 신중하지 못한 자가 그 되지도 않는 물음에 다시 말도 안 되는 대답을 하게 되는 문제를 낳고, 그리하여 (옛사람들이 말하는 것처럼) 한 사람은 숫염소의 젖을 짜려고 하고, 다른 한 사람은 그 밑에 채를 받치고 있는 우스꽝스러운 장면을 연출할 것이기 때문이다."[3]

오늘날에는 어느 누구도 칸트가 조롱의 대상으로 삼았던 "진리란 무엇인가?"라는 물음을 그런 형태로 제기하지는 않을 것이다. 당연히 이 물음 자체가 본질주의적(essentialistisch)이라는 비난을 받게 된다. 다시 말해 적어도 예술의 진리[4]나 특정한 예술작품의 '고차원적 진리'라고 말할 때처럼 포착하기 어렵고 또한 매우 강한 의미의 진리개념을 포기한다면, '진리'는 언명의 속성으로 이해해야 한다. 그렇게 되면 "진리란 무엇인가?"라는 물음 대신에 이 보다 훨씬 더 소박하게, 어떠한 의미와 어떠한 상황에서 거짓말이라는 심판을 받지 않고서도 어떤 언명

---

3 *Kant*, Kritik der reinen Vernunft, A 58, B 83. 인용은 *Kant*, Werke(hrsg. v. W. Weischedel), Sonderausgabe 1981, Bd. 3, S. 102에 따름.

4 이에 관해서는 예컨대 *Derrida*, La verité en peinture, 1978; *Gadamer*, Wahrheit und Methode, 4. Aufl. 1975, S. 77ff. 참고.

을 '진리'라고 표현할 수 있는지를 묻게 된다.

나는 아래에서 법적 언명의 영역과 관련하여 이러한 물음을 다루어보도록 하겠다. 여기서 법적 언명이란 법에 대한 언명, 특히 효력을 갖는 법(또는 효력을 갖는다고 여겨지는 법)에 관한 언명으로 이해해야 한다. 다시 말해 "호신용 페퍼스프레이도 형법 제250조 제2항 1호에서 의미하는 무기에 해당한다", "기본법 제2조 제2항 1문(생명권)은 태아도 보호대상으로 삼는다" 또는 "여성 A와 남성 B가 체결한 혼인은 유효하다"와 같이 법실무와 법학에서 일상적으로 제기되는 수 없이 많은 주장들이 그러한 법적 언명에 해당한다. 위 보기들 가운데 마지막 언명이 보여주듯이, 법적 규칙에 대한 언명뿐만 아니라, 단칭의 법적 사안에 대한 확인 역시 법에 대한 언명에 속한다.

법이 진리를 어느 정도까지 보호하는지, 다시 말해 법이 어느 정도까지 허위를 용납하거나 허위에 대해 재제를 가하는지 또는 하나의 헌법질서로서의 법이 어느 정도까지 스스로가 진리임을 주장하는지의 물음은 다루지 않겠다.[5] 그리고 비법적 사안에 대한 법적으로 중요한 언명, 특히 '사실문제'에 대한 확인 역시 고려에서 배제하겠다. 법정

5 헌법국가에서의 진리주장에 관해서는 *Häberle*, Wahrheitsprobleme im Verfassungsstaat, 1995; ders., Wahrheitsprobleme im Verfassungsstaat - eine Zwischenbilanz, in: Hollerbach-FS 2001, S. 15ff. 참고.

에서 이루어지는 사실확인의 진리성 여부의 문제[6]는 최근 들어 특히 형사소송법의 기초적 논의의 맥락에서 주목을 받았다. 이와 관련된 논쟁의 핵심을 표제어만을 동원하여 표현하자면 사안의 '재생산(Reproduktion)'인가 아니면 사안의 '구성(Konstruktion)'인가라는 대안을 둘러싼 논쟁이다. 이른바 '실재론자'들은 사안에 대한 확인을 객관적으로 이미 주어져 있는 사건의 반영으로 해석하는 반면, 구성주의자들은 이른바 사실확인도 해석활동의 소산이며, 따라서 사실확인은 상호작용적 요소를 통해 구성되는 것이라고 주장한다.[7] 나는 법적 맥락에만 해당하는 특수한 문제라고 할 수 없는 이 사실확인의 문제는 고려에서 배제하고, - 계속 소송법적으로 표현하자면 - 법률문제(Rechtsfrage)의 영역에만 논의를 국한시키도록 하겠다.

물론 법률문제의 영역에서는 진리주장이라고 말하는

6 이에 관한 최근의 문헌 가운데 예컨대 *Gräns*, Das Risiko materiell fehrlerhafter Urteile, 2002 참고.

7 이에 관해서는 실재론자에 속하는 *Gössel*, Ermittlung oder Herstellung von Wahrheit im Strafprozess?, 2000과 구성주의자에 속하는 *Kargl*, Wahrheit und Wirklichkeit im Begriff der "falschen Aussage"(§§ 153ff. StGB), GA 2003, S. 791ff. 참고. 또한 이에 대한 논의에 관해서는 Neumann, Funktionale Wahrheit im Strafverfahren, in: Scholler/Phillips(Hrsg.), Jenseits des Funktionalismus. Arthur Kaufmann zum 65. Geburtstag, 1989, S. 73; *Lorenz Schulz*, Normiertes Misstrauen. Der Verdacht im Strafverfahren, 2001, S. 434ff.; *Stamp*, Die Wahrheit im Strafverfahren, 1998 참고.

대신 처음부터 조금 더 겸손하게 정당성주장이라고 말해야 하는 게 아닌지 고려해 볼 수 있다. 하지만 나는 그렇게 해야 할 필요가 없다고 생각한다. 그 이유는 다음과 같다. 첫째, '진리(Wahrheit)'라는 개념과 '정당성(Richtigkeit)'이라는 개념의 관계는 결코 명확하지 않다. 이 두 개념은 때로는 단계화가 가능한지 여부에 따라 구별되는 경우도 있지만, 때로는 동의어로 사용되기도 한다.[8] 직관적으로는 진리를 단계화하는 것은 불가능하고, 이에 반해 정당성은 단계화가 가능한 것처럼 구별할 수도 있지만, 그러한 직관이 반드시 옳다고 입증되지 않는다. 물론 여기서 전제하고 있는 의미의 진리를 단계화할 수 없다는 점에 대해서는 얼마든지 동의할 수 있다. 그렇지만 정당성이라는 개념을 단계화할 수 있다는 점에 대해 누구나 동의를 하는 것은 아니다.[9] 둘째, 법에서 진리주장을 주제로 삼게 되면 법철학적 논의로 하여금 행위규범에 대한 정당성주장과 실천이성을 통한 판단의 정당성주장까지도 여러 가지 진리개념과 진리이론의 맥락에서 논의하는 일반 철학의 논의에 연결될 수 있게 된다. 셋째, 진리개념은 여하한

8 이에 관한 증거는 *Engisch*, Wahrheit und Richtigkeit im juristischen Denken, 1963, S. 4 참고.

9 이를 거부하는 문헌으로는 예컨대 *Deckert*, Recht und Wahrheit, ARSP 82(1996), S. 43, 44 참고.

형태의 단계화도 거부한다는 최고의 강점을 지니고 있기 때문에 법에서 제기되는 확실성주장에 관해 비판적으로 논의하기에는 단계화를 용납하는 상대적인 정당성개념보다 훨씬 더 적절한 논의배경이 될 수 있다.[10] 법적 언명이 진리 판단의 대상이 되는가라는 문제는 단순히 맹목적인 법철학적 문제에 그치지 않는다. 이 문제는 법, 사법시스템, 권력분립에 대한 사회적 이해와 관련해서도 매우 중요한 결론을 낳게 된다.[11] 이런 의미에서 아래의 논의에서 중요한 측면은 진리주장이 법에서 갖는 기능이다. 오늘날 *로날드 드워킨*(Ronald Dworkin)을 중심으로 유일하게 정당한 결정에 관한 이론이 점차 세력을 확장하고 있는데, 그 이유는 이 이론이 납득할 수 있는 다수의 결정이 존재한다는 주장에 비해 더 좋은 인식론적 논거를 갖고 있기 때문이 아니다. 오히려 행정청 또는 법원의 결정에 대한 사법부 또는 법학의 통제가능성이라는 실천적인 문제 때문에 드워킨의 이론이 주목을 끌고 있다. 왜냐하면 법적 결정이 스스로 진리라고 주장하거나 정당하다고 주장

10 이러한 맥락에서 진리개념을 정당성개념으로 대체하는 것을 거부하는 입장으로는 Poscher, Wahrheit und Recht. Die Wahrheitsfrage des Rechts im Lichte deflationärer Wahrheitstheorie, ARSP 89(2003), S. 200, 214도 참고.

11 이 측면에 관해서는 예컨대 *Lorenz Schulz*, Normiertes Misstrauen(각주 7), S. 273 참고.

할 때에 비로소 그에 대한 비판이 가능하기 때문이다. 특히 예컨대 법학과 같이 아무런 제도적 권력도 갖고 있지 않은 비판자들은 결정 스스로 진리 또는 정당성을 주장할 때에 비로소 그에 대해 비판을 가할 수 있다. 이 점에서 유일하게 정당한 결정이라는 모델을 '규제이념(regulative Idee)'으로 고수해야 한다는 주장은 개별 법적용자의 행위조건뿐만 아니라, 법체계 전체의 행위조건을 염두에 둔 것이다.

다른 한편 인식론적으로 문제가 있는 진리주장과 정당성주장을 그저 규제이념의 영역으로 옮겨놓고 이에 대한 비판적 논의를 할 수 없게 만들어서는 안 된다. 그렇기 때문에 나는 아래의 논의를 2단계로 구성하고자 한다. 첫 번째 단계에서는 법에 대한 일반적 언명 또는 단칭적 언명(즉, 법규범에 대한 언명과 구체적 사례와 관련된 '법상태')의 영역에서 어느 정도까지 그리고 어떠한 의미에서 진리 또는 정당성이라고 말할 수 있는가의 물음을 다룬다. 두 번째 단계에서는 첫 번째 단계의 물음에 대한 대답으로부터 법체계와 관련하여 실제적으로 어떠한 결론이 도출되고, 이러한 결론에 비추어 과연 법적 주장의 진리성주장을 반사실적으로(kontrafaktisch)라도 고수해야 하는가에 관해 논의하도록 한다.

II

: 법체계에서 진리주장의 의미

1. 법에서 '진리낙관주의'와 진리회의주의

법적 주장에 대해 과연 진리인 주장 또는 정당한 주장이라고 말할 수 있는지 그리고 만일 그것이 가능하다면 어떠한 의미에서 가능한지의 문제는 단지 이 문제를 관할하는 전문분과인 법철학에서만 논란의 대상이 되는 것은 아니다. 이 문제는 법실무의 여러 영역에서도 극히 다양한 방식으로 다루어지고 있다. 예를 들어 상고심 법원의 실무는 하급심의 결정이 '정당하다' 또는 '잘못이다'라는 개념범주에 따라 평가될 수 있음을 당연히 전제하며, 또한 오로지 하나의 결정만이 정당할 수 있을 뿐, 그 이외의 모든 결정은 잘못일 수밖에 없다는 전제에서 출발한다.[12] 하지만 어제 열린 상고심 결정을 내리면서 1급살인의 구성요건이 2급살인과는 별개의 독자적인 범죄로 평가하면서 이와는 반대되는 학계의 이론은 완전히 잘못된 견해라고 선언[13]한 법관은 오늘 열리는 사법시험 구술시험에서는 문제의 이론을 얼마든지 납득할 수 있는 견해로 평가할 수 있다. 그리하여 '정당하다' 또는 '잘못이다'는 개념범주 이외에 '납득가능(Vertretbarkeit)'이라는 제3의 개념범주도 존재한다. 그렇기 때문에 그 전날 학술논문을 쓰면서 엄격한 책임설을 완전히 잘못된 이론으로 비판한 법학교수가 오늘 학생들의 답안지 채점을 할 때에는 엄격책임설을 납득가능한 학설로 수용하는 것[14]도 얼마든지 가능하다. 나는 나중에 이와 같이 여러 가지 기준들이 공존하는 이유가 법체계의 여러 부분영역에서 등장하는 다양한 제도적 필요성 때문이라는 사실을 밝히도록 하겠다.

---

12 이에 관해 자세히는 아래의 69면 이하 참고.

13 이 문제와 관련된 판례와 학설 사이의 논쟁에 관해서는 예컨대 *Eser*, in: Schönke/Schröder, Strafgesetzbuch, 26. Aufl. 2001, Rn. 5 vor § 211ff.; *Neumann*, in: Nomos-Kommentar zum StGB, Rn. 141ff. vor § 211 참고.

14 관련된 논쟁 상황에 대해서는 *Kühl* in: Lackner/Kühl, StGB, 24. Aufl. 2001, § 17 Rn. 9; *Puppe* in: Nomos-Kommentar zum StGB, § 16 Rn. 144ff. 참고.

여기에서는 일단 정당성의 문제가 법과 관련된 현실에서는 여러 가지 상반되는 관점들로 등장한다는 사실 자체만을 확인하는 데 그치겠다.

정당성의 문제를 관할하는 학문분과의 논의상황 역시 현실에서 등장하는 여러 가지 상반되는 관점들을 반영하고 있다. 즉, 법철학에서는 각각의 법적 사례에 대해 오로지 *하나의* 정당한 결정만이 존재한다는 입장[15]에서 시작해서 규범적 확실성주장에 대해 극단적으로 회의적이어서 이 확실성주장을 사실상으로 주장되는 견해들의 '빈도값(Zeritätswert)'으로 대체하려는 입장[16]에 이르기까지 여러 가지 견해가 대립된다. 법의 영역에서 진리주장이 제기되거나 또는 그러한 주장이 허용되는 한, 이러한 주장이 과연 무엇과 관련을 맺는가에 대해서는 도저히 타협할 수 없을 정도로 다툼이 심하다. 이 복잡하기 짝

15 *Canaris*, Richtigkeit und Eigenwertung in der richterlichen Rechtsfindung, Grazer Universitätsreden Nr. 50, 1993, S. 23ff.; *Larenz/Canaris*, Methodenlehre der Rechtswissenschaft, 3. Aufl. 1995, S. 116. "유일하게 '정당한' 규범내용"이라는 이념을 '정당화되는 가정(이를 논리학적으로 '공준 Postulate'이라고 표현하기도 한다)'이라는 의미로 주장하는 입장으로는 Seiler, Auslegung als Normkonkretisierung, 2000, S. 42ff. 참고. 이 입장의 대표자에 해당하는 드워킨(Dworkin)의 입장에 대해서는 아래의 69면 이하 참고.

16 *Adomeit*, Juristische Methode und Sicherheit des Ergebnisses, JZ 1980, S. 343, 344ff.; *ders.*, Rechtstheorie für Studenten, 4. Aufl. 1998, S. 23f.

이 없는 지역은 일치설(Korrespondenztheorie)[17], 합의설(Konsenstheorie)[18], 정합설(Kohärenztheorie)[19], 수렴설(Konvergenztheorie)[20] 등이 점령하고 있는데, 이를 구체적으로 탐구하고자 한다면[21] 이 책에게 허용된 것보다 훨

17 일치설을 서술하고 있는 문헌으로는 예컨대 *Kreiser/Stekeler-Weithofer*, Stichwort "Wahrheit/Wahrheitstheorien", in Sandkühler(Hrsg.), Enzyklopädie Philosophie, 1999; 법철학 문헌으로는 *Poscher*, ARSP 89(2003), S. 200, 202ff. 참고.

18 *Habermas*, Wahrheitstheorien(1971), in: *ders.*, Vorstudien und Ergänzungen zur Theorie des kommunikativen Handelns, 1995, S. 127ff. 법철학문헌으로는 *Alexy*, Theorie der juristischen Argumentation, 3. Aufl. 1996, S. 134ff.; Jürgen Schmidt, Wahrheitsbegriff und Rechtswissenschaft, JuS 1973, S. 204ff.; Röhl, Allgemeine Rechtslehre, 2. Aufl. 2001, S. 155ff. 합의설에 대한 설명으로는 *Gransnick*, Wahres über die Wahrheit - auch im Strafprozeß, in: 140 Jahre Goltdammer's Archiv für Strafrecht, 1993, S. 55, 74f.; *Poscher*, ARSP 89(2003), S. 200, 204f. 참고.

19 *Rescher*, Kriterien der Wahrheit, in: Skirbekk(Hrsg.), Wahreheitstheorien, 1977, S. 337ff. 개괄적 서술로는 *Puntel*, Wahrheitstheorien in der neueren Philosophie, 3. Aufl. 1993, S. 172ff. 참고. 법이론 문헌 가운데 정합설에 가까운 입장으로는 *Bracker*, Kohärenz und juristische Interpretation, 2000; *Strauch*, Die Bindung des Richters an Recht und Gesetz - eine Bindung durch Kohärenz, KritV 2002, S. 311ff.; *ders.*, Wie wirklich sehen wir die Wirklichkeit? Vom Nutzen des Radikalen Konstruktivismus für die juristische Theorie und Praxis, JZ 2000, S. 1020, 1029f. 참고.

20 *Arthur Kaufmann*, Rechtsphilosophie, 2. Aufl. 1997, S. 284ff.; *Deckert*, ARSP 82(1996), S. 43, 52.

21 개별적인 이론모델들에 대한 개관으로는 *Puntel*, Wahrheitstheorien in der neueren Philosophie, 3. Aufl. 1993; *Skirbekk*(Hrsg.), Wahreheitstheorien, 1977; *Kreiser/Stekeler-Weithofer*, Stichwort "Wahrheit/Wahrheitstheorien", in Sandkühler(Hrsg.), Enzyklopädie Philosophie, 1999; *Lorenz*, Artikel "Wahrheitstheorien",

씬 더 넓은 지면이 필요하다. 그렇기 때문에 나는 이 복잡한 지역에서 법이론적 논의에게 방향설정의 역할을 하는 중요한 지점들만을 부각시키는 데에만 국한시키도록 하겠다. 다만 사전에 확정해야 할 사실은, 여러 진리이론들 사이의 논쟁은 결코 '진정한' 진리이론을 둘러싼 논쟁이 아니라, 단지 적절한 진리이론을 둘러싼 논쟁이라는 점이다. 왜냐하면 진리이론들의 배후에 진리가 존재하는 것은 아니기 때문이다.[22] 여러 가지 진리이론들은 '진리'에 대한 여러 가지 개념정의를 제시할 뿐, 이들 이론들에 앞서 있는, 어떤 주어져 있는 진리에 도달하기 위해 필요한 확실한 지침을 제시하는 것은 아니다. 다시 말해 진리이론들은 언명의 진리성과 진리치, 특히 우리의 맥락에서는 '법상태'에 대한 언명의 진리성과 진리치에 대해 논의할 때, '진리'라는 단어를 어떤 식으로 이해하는 것이 타당한가라는 물음을 다룰 뿐이다. 따라서 진리에 대

in: Mittelstraß(Hrsg.), Enzyklopädie Philosophie und Wissenschaftstheorie, Bd. 4, 1996, S. 595ff. 참고. 또한 법철학문헌 가운데는 예컨대 *Deckert*, ARSP 82(1996), S. 43, 44ff.; *Arthur Kaufmann*, Rechtsphilosophie, 2. Aufl. 1997, S. 284ff.; Poscher, ARSP 89(2003), S. 200ff.; *Gizbert-Studnicki*, How Many Theories of Truth are Needed in Jurisprudence?, ARSP-Beiheft 25(1985), S. 153ff. 참고.

22 *Deckert*, ARSP 82(1996), S. 43, 44. 데커트는 이와 관련하여 푼텔(Puntel)을 원용한다.

한 개념정의는 원칙적으로 '진리'에 대한 일반적인 선이해(Vorverständnis)에도 의존하게 된다는 사실을 특별히 강조할 필요는 없을 것이다.

2. 진리모델

a) 언명과 사안의 일치(일치설)

진리가 무엇인가와 관련하여 우리의 직관에 가장 가깝고, 그 점에서 당연하다고 여기는 견해는 언명이 언어 이전의 존재사실이라는 의미의 실재(Wirklichkeit)와 어떠한 관계에 있는가에 초점을 맞춘다. 이 견해에 따르면 하나의 명제는 이 명제가 존재하는 사안을 적절히 반영하고 있을 때에만 진리라고 한다. 아리스토텔레스와 토마스 아퀴나스에 의해 확산되었고, 칸트가 전제했으며[23] 비트겐슈타인이 '논리철학논고(Tractatus logico-philosophicus)'에서 표방했던[24] 이 고전적 진리개념은 법

23 Kritik der reinen Vernunft A 58/B 83.

24 "그림은 실재와 일치하거나 일치하지 않는다. 즉, 그림은 옳거나 옳지 않으며, 참이거나 거짓이다[2.21] .... 그림의 의미가 실재와 일치하는지 또는 일치하지 않는지에 따라 참 또는 거짓이 된다"[2.222].

관에 의한 사실확인의 거의 대부분 그리고 우리의 일상적 경험 전반에 걸쳐 충분한 설득력이 있고 그 자체 전혀 부족함이 없는 이론이다.[25] 물론 진리에 관한 일치설에 대해 인식론적으로 더욱 섬세한 입장에서 가해지는 비판은 언명과 실재 사이의 일치라는 기준이 보편적 관할권을 갖지 못할 뿐만 아니라, 최소한의 국지적 관할권마저도 갖고 있지 않다는 식으로 일치설을 부정한다. 하지만 이러한 비판은 전혀 근거가 없다. 하버마스는 그의 초기 저작에서 일치설이 언어 바깥의 실재를 원용하여 "언어행위의 타당성주장이 밝혀질 수 있는 유일한 공간이 언어논리의 영역으로부터 벗어나고자 했지만, 실패하고 말았다"[26]는 식으로 일치설을 비판했다. 하지만 하버마스의 이 비판은 진리에 대한 *개념정의*가 실제로 언어적 영역에 포함되어 있다는 점에서는 설득력을 갖지만, *진리기준*의 측면에서는 전혀 설득력이 없다.[27] 왜냐하면 진리에 대한 개념

25 일치설을 형사소송과 관련된 진리이론의 기초로 옹호하는 입장으로는 *Gössel*, Ermittlung oder Herstellung von Wahrheit im Strafprozeß, 2000 참고.

26 *Habermas*, Wahrheitstheorien(1971), in: *ders.*, Vorstudien und Ergänzungen zur Theorie des kommunikativen Handelns, 1995, S. 127, 133.

27 일치설에 따르는 진리모델의 범위 내에서 어느 정도까지 언어적 영역을 초월할 수 있는가의 물음에 대한 개괄적 설명으로는 *Janich*, Was ist Wahrheit?, 1996, S. 37 참고.

정의가 언어적 영역에 고착되어 있다는 사실은 결코 진리기준까지 전적으로 언어적 표현을 통해서만 포착할 수 있다는 뜻은 아니기 때문이다. 설령 의사소통이론에서 출발할지라도 언어 이전의 영역으로 이해되는 실재로부터 완전히 단절되는 입장을 견지할 수는 없다. 물론 하버마스로서는 진리주장이 화용론적(pragmatisch)으로 볼 때 언제나 함께 말하는 가운데 제기되고, 적어도 *이 점에 관한 한*, 진리주장 역시 언어적 영역을 떠날 수 없다는 사실을 지적할 수 있다. 그렇지만 함께 말을 한다는 것은 동시에 무엇인가에 대해 말하는 것이고, 이 점에서 사실을 확인하는 언어행위는 진리에 대한 개념정의가 원용할 수 있는 언어 이전의 대상과 관련을 맺게 된다.[28] 그 사이 하버마스는 자신의 입장을 수정하여, 최근의 저작에서는 진리개념에 내재하는 사실관련성을 '실재론적 가시(realistischer Stachel)'라는 표현을 동원하여 명시적으로 인정한다. 즉, 진리에 대한 논의는 우리가 '사실의 파악'과 결부시킬 때 포함되어 있는 존재론적 함의(Konnotation)를 고려할 수 있도록 변경되어야 한다고 본다.[29] 실제로 진리판단의 대

28 이 점이 '수렴설'(각주 20)이 착안하고 있는 지점이다. 수렴설은 일치설과 합의설에 내재하는 일방적 성격을 피하고자 시도한다.

29 *Habermas*, Richtigkeit versus Wahrheit. Zum Sinn der Sollgeltung moralischer Urteile und Normen, in: *ders.*, Wahrheit und

상이 될 수 있는 언명은 객관적 세계의 저항을 결코 극복할 수 없다. 이 점에서 하버마스가 여전히 객관적 세계가 아니라, "모든 참여자들이 동일한 것으로 전제하는 객관적 세계"[30]라고 말하고 있는 것은 자신의 초기의 견해를 어떻게든 고수하려는 언어적 타협에 불과할 뿐이다. 우리가 자동차를 주차하려다가 공간이 너무 좁은 나머지 주차에 실패하는 이유는 거기에 주차되어 있는 다른 자동차들 때문이지, 결코 우리 모두가 그 존재를 동일하게 전제하는 다른 자동차들 때문이 아니다.

b) 법적 '사안'의 문제

aa) 실재하는 사안과 관념적 사안

일치설이 갖고 있는 의도적인 순진함을 옹호하기로 결정하면, 직접적인 관찰을 통해 접근할 수 있는 물리적 사안과 관련되어 있는 한, 일치설은 경험적 사실의 영역에서 충분한 설득력을 갖고 있다. 이에 반해 해석 또는 구성이라는 요소가 개입되어야만 서술할 수 있는 사회현실 속의 사안에 일치설을 적용할 때에는 상당히 문제

Rechtfertigung, 1999, S. 271ff., 288ff.

30 *Habermas*, Richtigkeit(각주 29), S. 295.

가 많다.[31] 이 문제는 여기서는 자세히 논의하지 않게 될 사실문제에도 당연히 해당된다. 법에 관한 언명의 영역에서 일치설을 적용할 수 있는 가능성은 과연 법적 당위의 영역에서 법적 언명과 일치하는 실재를 확인할 수 있는가에 달려 있다. 다시 말해 경험적 세계와는 별개로 예컨대 "기본법 제2조 제2항 1문은 태아의 생명도 보호한다"와 같은 언명이 관계를 맺을 수 있는 규범적 존재의 세계가 있는 것일까? 법률가들이 흔히 '법상태(Rechtslage)'라는 표현을 별다른 문제 없이 사용하는 것을 보면 그러한 세계가 있는 것처럼 보인다. "법상태가 어떠한가?"라는 법률전문가에게는 매우 익숙한 물음은 하나의 사례에 대한 구체적인 법적 결정에 대한 물음을 사안을 적합하게 확인하기 위한 물음과 병행시키게 된다. 그렇다면 과연 '법상태'는 법적 언명과 관련되는 대상, 즉 일치설에서 말하는 '일치대상'에 해당하고, 따라서 일치설을 적용하는 토대로 작용하는 것일까?

이 물음에 대해 법상태란 결코 경험적으로 확인할 수 있고 관찰이 가능한 사안이 아니라고 지적하면서 '그렇지 않

31 이에 관한 기본적인 서술로는 *Berger/Luckmann*, Die gesellschaftliche Konstruktion der Wirklichekit, 1980; *Watzlawick*, Wie wirklich ist die Wirklichkeit?, 1977 참고. 또한 법이론적 관점에서 이 점을 상세히 논의하고 있는 *Kargl*, Handlung und Ordnung im Strafrecht, 1991 참고.

다'라고 대답하는 것은 너무 성급한 일이다. 왜냐하면 법적 주장은 *어떠한 경우에도* 경험적으로 심사할 수 있는 사안의 존재에 대한 주장으로 이해할 수 *없다는 점*이 처음부터 확정되어 있는 것은 아니기 때문이다. 예를 들어 "러시아법에 따르면 절도는 처벌된다"는 주장은 러시아 형법을 찾아보면 경험적으로 심사할 수 있고, 따라서 이 주장은 사실주장으로 볼 수 있다고 생각하게 된다.[32] 더 나아가 일치설이 경험적으로 확인 가능한 실재의 사안에 관한 언명에만 국한되어야 한다는 점에 대한 근거도 제시해야 한다. 즉, 어떠한 이유에서 이념적으로 존재하는 '사안'에 대한 언명은 - 적어도 이러한 이념적 사안을 전제하는 것이 인식론적 비판을 충분히 견뎌낼 수 있는 한 - 일치설에서 의미하는 '진리'가 될 수 없는지를 밝혀야 한다.

두 번째 물음은 특히 논리학과 수학의 언명과 관련하여 제기되는 물음이다. 일부의 학자들은 논리적 주장과 수학적 주장이 일치설의 의미에서 진리일 수 있다는 점을 반박한다.[33] 이는 지시대상의 명확성 이외에 그 대상성과 경

---

32 *Hilgendorf*, Tatsachenaussagen und Werturteile im Strafrecht, entwickelt am Beispiel des Betruges und der Beleidigung, 1998, S. 205ff., 208. 이에 대한 비판으로는 *Zackzyk*, ZStW 114(2002), S. 191, 195, 198. 더 자세히는 아래의 42면 참고.

33 *Poscher*, ARSP 89(2003), S. 200, 203.

험가능성까지 일치설을 적용할 수 있는 전제로 삼는 경우에는 충분히 일관된 입장이다.[34] 하지만 이런 식으로 일치설을 제한해야 할 설득력 있는 근거가 없다. "진리인 언명 '2+2=4'과 일치하는 대상이 무엇인가?"라는 수사학적인 물음이 제기된다면,[35] "하나의 수학적 관계이다"라고 대답할 수 있다. 이와 마찬가지로 "삼각형의 세 각의 합은 180도이다"는 명제는 기하학적 법칙과 일치한다. 일치설의 적용가능성과 관련하여 결정적인 측면은 지시대상의 명확성이지, 그 대상성이 아니다. 다시 말해 법적 언명의 영역에서 일치설을 적용하는 것은 '법상태'가 경험의 대상이 아니라,[36] 이념적 사안으로 이해된다는 사실 때문에 실패하게 되는 것이 아니다.

bb) 법적 '사안'의 상대성

진리에 대한 일치설적 해석에 대한 두 번째 반론도 얼마든지 불식시킬 수 있다. 즉, 법적 언명이 특정

34 예를 들어 *Engisch*, Wahrheit und Richtigkeit im juristischen Denekn, 1969, S. 9가 이러한 입장을 취한다. 엥기쉬를 인용하고 있는 *Poscher*, ARSP 89(2003), S. 200, 202f.도 같은 입장이다.

35 *Poscher*, ARSP 89(2003), S. 200, 202f. 여기서 포셔는 *Lynch*, Realism and Correspondence Theory, in: *ders.*(Hrsg.), The Nature of Truth, 1001, S. 9, 12f.를 인용하고 있다.

36 이에 관해서는 각주 32 참고.

한 관련체계(특정한 법질서)에 따라 상대적이라는 사실은 법적 언명에 대한 (일치설의 진리개념이 의미하는) 진리판단 가능성과 대립되지 않는다. 왜냐하면 특정한 법질서에 따른 상대성은 언명의 구성부분이지, 진리판단의 구성부분이 아니기 때문이다. 따라서 "'사람의 권리능력은 출생의 완료와 함께 시작한다'는 주장은 독일법에서 진리이다"라는 명제는 정확하게 표현된 것이 아니다. 정확하게 표현하면 이 명제는 "'독일법에 따르면 사람의 권리능력은 출생의 완료와 함께 시작한다'는 주장은 진리이다"라고 해야 한다. "피레네산맥 이쪽 편에서 진리가 저쪽 편에서는 착오이다"라는 파스칼의 유명한 말은 정의관념의 상대성을 지적한 것이지, 결코 '진리'의 상대성에 대한 지적이 아니다.

법적 언명의 체계구속성에 관련된 내용은 법적 언명의 시간적 상대성에 대해서도 그대로 해당된다. 즉, 법적 언명은 체계지수(Systemindex)뿐만 아니라, 보통은 언제나 함께 고려되지만, 명시적으로 드러나지 않을 뿐인 시간지수(Zeitindex)도 갖추고 있다.[37] 이 시간적 상대성 역시 법

37 법적 언명이 갖고 있는 이러한 다차원적 상대성에 관해서는 *Neumann*, Rechtspositivismus, Rechtsrealismus und Rechtsmoralismus in der Diskussion um die strafrechtliche Bewältigung politischer Systemwechsel, in: Lüderssen-FS 2002, S. 109ff. 참고.

적 언명의 내용에만 해당할 뿐, 그 진리주장에는 해당하지 않는다.

cc) 법적 '사안'의 명확성

법적 언명에 일치설을 적용할 수 있는 가능성과 관련된 결정적인 문제는 지시대상의 명확성이라는 전제조건이다. 왜냐하면 특정한 시점의 특정한 법질서에서 특정한 사안에 비추어 법상태가 어떠한지의 물음은 대부분의 경우 보편적 동의를 받을 수 있을 정도로 확실하게 밝혀질 수 없기 때문이다. 이러한 사정은 서로 대립되는 다수의 '이론들'이 존재한다는 점만을 보더라도 충분히 증명되고, 이에 대해서는 별다른 반론이 있을 수 없다. 물론 이러한 사정이 필연적으로 법의 불명확성 탓이라는 의미는 아니다. 왜냐하면 판례와 법학에서 등장하는 사실상의 논란이 반드시 법질서의 규율상의 결함 탓은 아니며, 적어도 이론적으로는 얼마든지 이 법질서를 관리하는 법률가들의 인식상의 결함 탓으로 돌릴 수도 있기 때문이다.

그러나 법의 형이상학적 명확성이라는 관념 또는 의미론적 실재론[38]이라는 관념의 의미에서 법을 해석에 앞서

38 실재론에 대한 상세한 비판으로는 *Christensen/Kudlich*, Die Auslegungslehre als implizite Sprachtheorie der Juristen, ARSP 88(2002), S. 230ff. 참고.

주어져 있는 실체로 해석하고, 그에 따라 법적 언명의 진리를 이미 주어져 있다고 여겨지는 '법상태'와의 일치로 파악하려는 시도에는 강력한 관념화라는 긴 그림자가 드리워져 있다.[39] 왜냐하면 법은 오로지 사회적 존재일 뿐, 관념적 존재가 아니기 때문이다. 따라서 법적 언명에 대한 일치설적 의미의 진리는 언제나 사회현실로서의 법현실과 관련을 맺을 수 있을 뿐이다. 법률텍스트, 법원의 판결, 법학문헌의 학설들은 당연히 이러한 사회적 현실에 속한다. 그러나 법관이 이러한 요소들과 여타의 요소들에 비추어 구성하는 '법상태'는 사회적 현실에 속하지 않는다. 얼핏 보기에는 이러한 법상태, 즉 법질서의 규범적 내용에 대한 명확한 언명에 해당하는 것처럼 보이는 경우에도 마찬가지이다. "독일법에 따르면 사람의 권리능력은 출생의 완료와 함께 시작한다"는 명제는 이 명제가 사회적 사안, 즉 그에 상응하는 민법상의 규정의 존재, 법실무에서의 일치된 견해 또는 법학에서의 일반적인 승인 등과 관계를 맺을 때에만 비로소 일치설에서 의미하는 진리가 된다. 이에 반해 이 명제를 관념적으로 존재하는 법상태

39 법적 의미이념론(juristischer Bedeutungsidealismus)에 대한 이데올로기비판에 관해 자세히는 *Somek*, Rechtssystem und Republik, 1992(특히 S. 305ff.); *ders.*, Der Gegenstand der Rechtserkenntnis, 1996 참고.

와 관련시켜 이해할 수는 없다. 그러므로 일치설을 법적 언명에 적용하는 것은 관련대상(지시대상)의 명확성이라는 전제조건이 충족되지 않기 때문에 실패하게 된다.[40]

하지만 그렇다고 해서 일치설이 특정한 법률해석을 위해 제기된 개개의 주장들에 대해 적용될 수 없다는 뜻이 아니다.[41] 예를 들어 한 법률텍스트의 문언 또는 입법이유서의 문언은 일치설의 의미에서 진리언명으로 서술할 수 있는 사안이다. 물론 그에 상응하는 확인과정에 이미 해석이 개입되지 않은 경우이어야 한다. 예컨대 연방법률공보로 출간된 법률문언이 의회가 결의한 법률안 내용과 다르다면, 어느 쪽을 *기준이 되는* 법률텍스트 문언으로 보아야 할 것인지는 법적 해석의 문제이다(따라서 더 이상 일치설이 의미하는 대로 진리인 사안서술의 문제가 아니다). 따라서 '입법자의 의사'나 '법률의 의미와 목적'에 관

40 이러한 의미에서 *Zippelius*, Über die Wahrehit von Werturteilen, in: Maunz-Festgabe 1971, S. 507, 508ff. 참고. 법적 주장에 대해 존재론적으로 이해되는 정당성주장을 비판하는 입장으로는 예컨대 *Schneider/Schroth*, Sichtweisen juristischer Normanwendung: Determination, Argumentation und Entscheidung, in: Kaufmann/Hassemer(Hrsg.), Einführung in Rechtsphilosophie und Rechtstheorie der Gegenwart, 6. Aufl. 1994, S. 470, 485 참고.

41 이렇게 생각할 수 있게 된 것은 아민 엥글랜더(Armin Engländer) 박사가 나의 강연에 대해 토론하면서 언급한 내용에 힘입은 것이다.

한 주장도 당연히 경험적으로 확인할 수 있는 자료에 대한 특수한 해석의 결과이며, 그 때문에 일치설이 의미하는 진리판단의 대상이 아니다.

이와 같이 - 일치설이 의미하는 대로 - 특정한 법적 주장에 대한 진리성 판단이 가능한 논거와 그 자체 일치설의 의미에서 진리판단의 대상이 될 수 없는 법적 주장을 구별하게 되면, 과연 법적 주장은 어떠한 경우에도 경험적으로 심사할 수 있는 사안의 존재에 대한 주장이 될 수 없는가라는, 앞에서 제기한 물음에 대답할 수 있게 된다. 이 물음에 대한 대답은 특정한 사례에서 법상태가 무엇인가라는 물음이 경험적으로 심사할 수 있는 자료에 대한 물음으로 축소시킬 수 있어서, 법상태가 일반적으로 승인되는 법적 규칙에 따라 관련 자료들로부터 필연적으로 도출되는지 여부에 따라 달라진다. 러시아법에 따른 절도의 가벌성 여부와 관련된 보기에서 '법률문언'이라는 자료만으로는 '절도의 가벌성'이라는 법상태를 도출해낼 수 없다. 형법전의 법적 구속력 - 이 자체는 결코 경험적으로 확인 가능한 사안이 아니다 - 이외에도 예컨대 형벌구성요건이 상위의 법과 합치하는지 여부도 함께 고려해야만 한다. 다시 말해, 경험적으로 심사가 가능한 자료인 '법률문언'은 구체적인 사례에서 전혀 문제가 없는 특정한 규범적 전제조건이 충족된 경우에는 법상태에 대한 추론을 가능하게 만들긴 하지만, 법상태 자체를 경험적 관찰을 통해 접근할 수 있는 사안으로 축소시킬 수는 없다.

dd) 제도적 사실로서의 법적 '사안'

그렇기 때문에 오로지 경험적인 방법을 통해서만 파악할 수 있는, 이른바 자연적 사실(facta bruta)만을 법적 언명의 잠재적 지시대상으로 고려해야 할 필연성이 있는 것은 아니다. 오히려 법의 영역에서는 서얼(Searle)에 의해 발전되었고,[42] 법과 관련해서는 닐 맥코믹(Neil MacCormick)과 오타 바인베르거(Ota Weinberger)에 의해 구체화된,[43] 제도적 사실(institutionelle Tatsache)에 관한 이론을 원용하는 것이 훨씬 더 설득력을 갖는다. 제도적 사실(예컨대 혼인, 소유권, 유언 등. 물론 의회, 법원, 교회 등도 여기에 속한다)은 특히 법적 규칙을 포함한 다수의 사회적 규칙을 통해 구성된다. 이러한 제도적 사실들은 사회적 지각의 차원에서는 자연적 사실과 마찬가

---

42 *Searle*, Sprechakte. Ein sprachphilosophischer Essay, 1977, S. 78ff.; *ders.*, Die Konstruktion der gesellschaftlichen Wirklichkeit. Zur Ontologie sozialer Tatsachen, 1977.

43 *MacCormick/Weinberger*, Grundlagen des institutionalistischen Rechtspositivismus, 1985.

지로 하나의 사실로 여겨진다.[44] 이 관점에서 볼 때, 예컨대 여성 A가 독일국적을 갖고 있다는 것은 그녀의 여권에 기록된 대로 그녀의 눈이 파란색이라는 것과 마찬가지로 똑같이 하나의 사실이다. "여성 A는 파란색 눈을 가졌다"는 명제가 일치설의 의미에서 진리판단의 여부가 되는 반면, "여성 A는 독일국적을 가졌다"는 명제는 그렇지 않다고 해야 하는 것일까?

이 물음에 대한 대답은 제도적 사실이 존재하기 위한 특수한 조건에 달려 있다. 제도적 사실은 규칙을 통해 구성되기 때문에,[45] 그러한 사실의 존재는 두 가지 유보조건을 전제해야 한다. 하나는 규칙이 의심의 여지없이 효력을 가져야 한다는 점이고, 다른 하나는 그러한 규칙을 의심의 여지없이 적용할 수 있어야 한다는 점이다. 다시 말해 법적 사실의 존재는 관련된 법적 규칙에 대한 승인과 그 규칙이 구체적 사례에서 갖는 의미에 대한 승인에 달려 있다. 이러한 전제조건은 사실상 대다수의 경우에 충족되어 있다고 보인다. 예를 들어 특수한 사정이 있지 않는 한, 어느 누구도 독일에서 독일인 부모(이 역시 법적-제도적

44 이에 관해서는 예컨대 *Enrique Barros*, Die Person als Bezugspunkt des Rechts, in: U. Neumann/W. Hassemer/U. Schroth(Hrsg.), Verantwortetes Recht, ARSP-Beiheft Nr. 100(2005), S. 17ff. 참고.

45 *Searle*, Sprechakte(각주 42), S. 80ff.

사실이다)의 딸로 태어난 여성 A가 독일국적을 갖고 있다는 점을 의심하지 않는다. 물론 비교적 명확한 국적법상의 규칙을 둘러싸고 관련된 법률규정의 효력이나 적용가능성에 대한 물음이 논쟁의 대상이 될 수도 있다. 나치 시대에 특정한 사람들의 국적을 자의적으로 박탈한 법규명령의 구속력을 둘러싼 논의는 그와 같은 경우에 해당한다.[46] 이 경우 해당하는 사람들의 국적 보유 여부에 대한 결정은 문제의 법규명령이 구속력을 갖는다고 승인할 것인지 아니면 기본적인 정의원칙에 대한 위반을 이유로 그 효력을 박탈해야 할 것인지에 달려 있다.

이처럼 법적-제도적 사실은 그 효력이나 규율내용에 관해 다툼이 있을 수 있는 규칙에 의존하기 때문에, 제도적 사실을 일치설에서 의미하는 지시대상으로 파악하는 것은 불가능하다. 왜냐하면 제도적 사실은 법질서를 누가 해석하는가에 따라 진리개념을 상대화하지 않을 수 없게 만들기 때문이다. 그렇게 되면 모든 진리개념에 표출되어 있는 객관성(상호주관성)에 대한 요청을 충족할 수 없다.

46 이에 관해서는 BVerfGE 23, 98 참고.

c) 의미론적 진리이론

만일 법의 영역에서는 일치설에서 말하는 관련대상으로 고려할 수 있는 지시대상이 없다면, 법에서 '진리'는 다른 의미로 해석해야 할 것으로 보인다. 생각할 수 있는 방법은 형식적인 진리기준을 원용하는 것이다. 즉, 형식적 진리기준을 끌어들여 진리를 전적으로 언어 내부의 관계로 이해함으로써 언어 바깥의 지시대상이 없다는 문제점을 해결할 수 있다. 이를 위한 이론모델은 타르스키(Tarski)의 의미론적 진리개념이 제공한다. 잘 알려져 있는 대로, 타르스키는 진리개념을 대상언어적 명제와 메타언어적 명제 사이의 관계로 정의한다. 예컨대 "눈은 하얗다"는 명제는 눈이 하얗다면 그리고 바로 그럴 때에만 진리이다.[47] 이에 상응하여 "사람의 권리능력은 출생이 완료할 때부터 시작한다"는 명제는 사람의 권리능력이 출생과 함께 시작한다면 그리고 바로 그럴 때에만 진리라고 정의할 수 있다. 타르스키의 진리개념은 법이론의 논

47 *Tarski*, The Semantic Conception of Truth and the Foundations of Semantics, in: Philosophy and Phenomenological Research 4(1944); 독일어판 Die semantische Konzeption der Wahrheit und die Grundlagen der Semantik, in: Sinnreich(Hrsg.), Zur Philosophie der idealen Sprache, 1972, S. 53ff.

의에서는 진리치 중심의 논리를 법적 명제에도 적용할 수 있는가를 둘러싼 논쟁의 맥락에서 어느 정도 역할을 한다.[48] 하지만 법철학적으로는 타르스키의 진리개념이 별다른 도움이 되지 못한다. 왜냐하면 이 진리개념은 실질적 진리기준을 포기하고, 따라서 어느 경우에 진리주장을 제기하는 것이 정당한가라는 중요한 물음을 억제하도록 만들기 때문이다.[49]

d) 중간결론

법에서 진리이론들이 갖는 의미에 관해서는 다음과 같이 중간결론을 내릴 수 있다. 즉, 언어 바깥의 실재에 초점을 맞추는 일치설은 법률문제의 영역에서는 객

---

48 이에 관해서는 예컨대 *Rödig*, Über die Notwendigkeit einer besonderen Logik der Normen, in: Jahrbuch für Rechtssoziologie und Rechtstheorie 2(1972), S. 163ff., 170 참고. 또한 *Neumann*, Juristische Logik, in: Kaufmann/Hassemer(Hrsg.), Einführung in Rechtsphilosophie und Rechtstheorie der Gegenwart, 7. Aufl. 2004, S. 298ff., 307f.도 참고.

49 이 점은 적어도 비판적 주장이라는 측면에서는 상당히 흥미로운 '수축적(deflationär)' 진리이론에도 해당된다. 이 수축적 진리이론 역시 진리개념을 언어적 기능에만 국한시키고자 한다. 이 이론에 대해 자세히는 *Poscher*, ARSP 89(2003), S. 200f. 참고. 포셔는 이 글에서 *Lynch*, Deflationary Views and Their Critics, in: ders.(Hrsg.), The Nature of Truth, 2001, S. 421ff.를 인용하고 있다.

관적으로 주어져 있는 '법상태'라는 가정이 없이는 지탱될 수 없다. 진리를 서로 다른 언어차원들 사이의 관계로 포착하는 의미론적 진리이론(타르스키)은 적용할 수는 있지만, 법의 영역에서 관심의 대상이 되기 어렵다.

이러한 사정을 감안하여 진리기준을 언어 바깥의 단순한 사실의 영역이나 순수한 의미론의 영역에서 찾으려고 하는 것이 아니라, 상호주관적 이해, 즉 의사소통의 영역에서 찾으려는 이론이 부각된다. 위르겐 하버마스에 의해 섬세하게 구성된 합의설의 출발점 역시 그와 같은 사정을 감안한 것이었다. 이 합의설은 오늘날 법철학의 영역에서도 다수의 학자들에 의해 지지를 받고 있다.[50]

e) 합의설

진리에 관한 합의설은 하나의 표현이 진리라는 주장과 이 표현에 대해 합의할 수 있다는 주장 사이에 일정한 관계를 설정한다. 즉, 하나의 언명이 진리라고 주장하는 사람은 다른 사람들도 - 이상적인 조건 하에서라면 - 이 언명에 동의할 수 있다고 가정해야 한다는 것이다. 조금 더 소극적으로 표현하자면, 하나의 언명이 진리라고

50 앞의 각주 18 참고.

주장하는 사람은 다른 사람들이 개인적 결함이나 상황에 따른 문제가 있지 않는 한, 자신의 언명의 정당성을 통찰할 능력이 있다는 전제에서 출발해야 한다고 한다. 그렇기 때문에 합의설은 우리 모두가 무엇인가를 논증할 때에는 다른 토론참여자들의 동의를 미리 상정하게 된다고 주장한다. 적어도 이 점에 관한 한, 합의설에 얼마든지 동의할 수 있다.

하지만 합의설이 모든 참여자들의 잠재적 합의를 *진리기준*으로 격상시키고자 한다면, 두 가지 과제를 처리해야 한다. 첫째, 논의의 대상영역과 관련하여 단순히 의견들을 조정하는 것이 아니라, 반드시 진리를 주장하지 않을 수 없게 된다는 점에 대해 확실한 근거를 제시해야 한다. 둘째, 진리의 합의와 관련하여 어느 쪽이 적극적인 역할을 맡고, 어느 쪽이 소극적인 역할을 맡는지를 밝혀야 한다. 단순화하여 표현하자면, 하나의 언명은 이에 대해 합의할 수 있기 때문에 진리가 되는 것인지 아니면 그 언명이 진리이기 때문에 합의할 수 있게 되는 것인지를 명확히 밝혀야 한다.

첫 번째 물음은 실천이성의 관할영역에서도 진리와 유사한 타당성주장을 제기할 수 있는가라는 매우 어려운 물음과 결부된다. 잘 알려져 있듯이, 하버마스는 도덕의 영역과 관련하여 인지주의적(kognitivistisch) 입장을 표방한다. 즉, 도덕규범의 정당성은 진리와 유사한 타당성주장으로 이해되어야 하고, 형이상학 이후의 사고방식을 전제하는 한, 도덕적 언어놀이가 다른 방법으로는 온전하게 유지될 수 없다고 한다.[51] 이러한 논증이 어느 정도까지 타당한지는 여기서 결정을 내릴 수 없다. 하지만 다음과 같은 점은 확인할 수 있다. 즉, 모든 '선험화용론적(transzendentalpragmatisch)' 정당화가 그렇듯이, 하버마스 논증의 설득력 역시 입증해야 할 내용 자체가 실제로 필수불가결하다는 전제조건을 확신하게 입증할 수 있는지에 달려 있다. 법의 영역에서 하나의 판단을 형성할 때, 인지주의적 요소도 중요한 의미가 있다는 테제는 충분히 설득력이 있다. 법적 결정의 정당성은 법관의 도덕적 판단능력보다는 인지적 능력에 더 많이 의존하기 때문이다. 극단적으로 표현하자면, 구체적인 결정을 찾아내기 위해 필요한 것은 좋은 사람(또는 탁월한 도덕철학자)이기보다는 좋은 법률가이다. 법학의 자기이해에 따르면 정당한 결정을 확인하는 일은 실천이성보다는 이론이성이

51 *Habermas*, Richtigkeit versus Wahrehit. Zum Sinn der Sollgeltung moralischer Urteile und Normen, in: *ders*., Wahrheit und Rechtfertigung, 1999, S. 271, 318.

담당해야 할 과제이다.[52] 법과 도덕은 각각 독자적인 준거체계이다. 법에서 진리주장과 정당성주장의 관련대상은 - 법적 결정프로그램 자체가 명시적으로 도덕적 기준을 끌어들이지 않는 이상[53] - 오로지 현재 효력을 갖고 있는 법규범체계일 뿐이다. 이 점을 소극적으로 표현한다면, 법에서 진리주장과 정당성주장의 관련대상은 결코 아무런 매개과정도 거치지 않은 정의나 실질적 정당성주장이 아니라는 것을 뜻한다. 이는 법실증주의적 입장을 취하는지 아니면 법도덕주의적 입장을 취하는지와 관계없는 별개의 문제이다. 왜냐하면 법도덕주의자에게도 법적 결정의 관련대상은 오로지 법이기 때문이다. 두 가지 법철학적 입장의 차이는 단지 법의 효력기준을 달리 파악한다는 사실일 뿐이다. 즉, 법도덕주의자는 법의 효력 및 법체계

52 나는 바로 이 점이 법적 논의를 일반적-실천적 논의의 특수경우로 해석하는 견해가 안고 있는 가장 커다란 난점이라고 생각한다(이에 관해 자세히는 Neumann, Juristische Argumentationslehre, 1986, S. 83ff. 참고. 특수경우 테제에 관해서는 Alexy, Theorie der juristischen Argumentation, 3. Aufl. 1996, S. 263ff. 참고).

53 이처럼 법 스스로 도덕적 기준을 명시적으로 원용하는 경우 법과 도덕의 경계를 어떻게 설정해야 하는가에 관해서는 *Albers*, Die Institutionalisierung von Ethik-Kommissionen. Zur Renaissance der Ethik im Recht, KritV 86(2003), S. 419ff. 참고. 법적으로 제도화된 윤리적 가치평가와 법적 판단 사이의 관계에 대해서는 *Jung*, Entscheidungsprozesse bei medizin-ethischen Grenzfragen: Zur Rolle der Ethikkommissionen, in: Jung/Müller-Dietz/Neumann(Hrsg.), Recht und Moral, 1991, S. 401ff. 참고.

의 내용과 관련하여 일정한 부분에서 법실증주의자와는 다른 기준을 내세운다. 다시 말해 법도덕주의자처럼 법적 결정과 관련하여 정의 또는 실질적 정당성이라는 관점을 기준으로 삼아야 한다고 보게 되더라도, 그러한 관점들이 현행법 체계에 내재적으로 구현되어 있다고 논증해야 한다. 그러한 논증은 법률의 합리성을 해석학적으로 전제함으로써 이루어질 수도 있고, 자연법이나 보편적 법원칙을 원용함으로써 이루어질 수도 있다.

두 번째 물음, 즉 진리와 (잠재적) 합의 사이의 정확한 관계에 대한 물음은 논의이론(Diskurstheorie)뿐만 아니라, 모든 절차적 이론들이 갖고 있는 구조에 관련된 물음이다. 즉, 특정한 절차의 (실제의 또는 잠재적인) 결과를 필연적으로 정당한 것으로 여긴다면, 이에 대해서는 두 가지 해석이 가능하다. 첫째, 결과의 정당성을 절차의 조건을 통해 규정하는 방법이다. 예컨대 추첨이나 복권이 이러한 경우에 해당한다. 다시 말해 게임규칙이 준수되었다면, 그 결과는 이미 개념정의상(per definitionem) 정당하다. 설령 복권당첨자가 어느 시골마을의 가난한 사람들이 아니라, 백만장자일지라도 그 결과는 정당하다고 보아야 한다. 정의이론에서는 이와 같은 경우를 '순수한 절차적 정의'[54]라고 부른다. 순수한 절차적 정의는 민주적 표결의 원칙이기도 하다. 즉, 공정한 투표절차라는 전제조건이 준수되었다면, 설령 투표를 했거나 아예 투표를 하지 않은 상당수 사람들의 관점에서 극도로 비합리적이라고 여겨질지라도 그 결과는 정당하다. 둘째, 특정한 절차를 거친 결과는 정당하다(진리이다, 정의롭다)는 전제가 이 절차의 구조에 비추어 볼 때 관련된 모든 실질적 관점을 고려할 수 있고, 이 점에서 절차 자체가 정당한 결과를 보장할 것이라는 기대에 기초하는 경우이다. 오늘날의 소송법은 이러한 의미에서 일정한 절차원칙들(직접주의, 구두변론주의, 자유심증주의 등)을 제정하여 판결이 정확한 사안확인 및 진리에 기초하도록 보장한다.

이 두 가지 가능성 가운데 합의설이 첫 번째 가능성에 속한다고 본다면, 이상적인 절차조건하에서 도달한 합의는 이미 개념정의상 결과의 진리성(정당성)을 보장한다. 즉, 절차의 결과는 잠재적인 합의에 기초하기 때문에 곧바로 진리이다(정당하다). 하지만 이러한 해석은 예컨대 민주적 표결에는 해당할지 모르지만, 이론적 또는 실천적 인식을 획득하기 위한 절차와 관련해서는 거의 설득력이 없다. 왜냐하면 인식을 획득하기 위한 절차에서 결과

54 *Rawls*, Eine Theorie der Gerechtigkeit, 1975, S. 106f.

의 정당성은 관련된 실질적 관점들을 충분히 고려했는가에 달려있기 때문이다.[55] 그렇기 때문에 이상적 논의라는 모델에서 의미하는 이상적 절차조건은 오로지 소극적 의미에서만 결과의 정당성을 보장할 수 있을 뿐이다. 다시 말해 이상적 절차조건은 커뮤니케이션상황의 불평등이나 구조적 억압 또는 논거들의 비중을 잘못 평가함으로써 나타날 수 있는 왜곡현상을 배제할 수 있을 뿐, 최상의 논거들이 사려 깊고 적절하게 고려되도록 보장하지는 못한다. 또한 이상적 절차조건은 좋은 논거와 나쁜 논거, 중요한 논거와 덜 중요한 논거를 구별해야 하는 과제 - 이 과제를 어떻게 해결하는지는 논의의 결과에 결정적인 영향을 미친다 - 를 해결하는 데에는 적극적인 기여를 하지 못한다. 이상적 논의라는 모델은 '더 좋은 논거가 갖는, 독특한 의미의 강제 없는 강제'(하버마스)에 논의참여자들이 기꺼이 복종할 자세를 갖고 있어야 한다고 전제한다. 따라서 도달한 결과를 정당화해야 할 부담은 잠재적 합의라는 절차적 관점으로부터 논거의 실질적 기준으로 옮겨가지 않을 수 없다.

55 이에 관해서는 *Gril*, Die Möglichkeit praktischer Erkenntnis aus der Sicht der Diskurstheorie, 1998, S. 85ff. 참고.

f) 정합설

이와 같이 절차적 관점과 실질적 관점을 함께 고려하는 논증이론에 가장 가까운 것은 진리의 '정합설'이라는 개념으로 집약되는 진리이론 모델들이다. 여기서 말하는 '정합성(Kohärenz)'이라는 단어는 단순히 '무모순성(일관성)'만을 뜻하지 않는다. 무모순성은 언명의 체계가 진리가 되기 위한 *필요조건*이긴 하지만, 충분조건은 아니다. 진리의 정합설은 일관성이라는 전제를 형식논리적 무모순성을 뛰어넘어 체계적 일치성과 완결성이라는 의미로까지 확장한다.[56] 이와 관련하여 구체적으로 어떠한 요건을 충족해야 하는지에 대해서는 학자들마다 서로 다르게 판단하고 있다.[57] 하지만 정합설은 보편적 진리이론이 되기에는 너무 약하다. 왜냐하면 정합설은 진리의 기능과 관련하여 시간적-공간적 사실의 영역에서 도저히 포기할 수 없는 요소인 언명과 사안 사이의 관계를 제

---

56 이에 관해서는 예컨대 *Puntel*, Artikel “Wahrheit”, in: Krings u.a.(Hrsg.), Handbuch philosophischer Grundbegriffe, 1974, S. 1661; *Klaus Günther*, Ein normativer Begriff der Kohärenz. Für eine Theorie der juristischen Argumentation, in: Rechtstheorie 20(1989), S. 163ff. 참고.

57 일반철학 및 법이론적 논의에서 등장하는 여러 가지 정합설에 관한 훌륭한 개관으로는 Bracker(각주 19) 참고.

대로 포착하지 못하기 때문이다. 물론 일치설은 이 요소를 보편타당한 진리기준으로 격상시킨다는 점에서 문제가 있다. 이에 반해 언명과 일치하는 사안이 있다는 가정이 순전히 허구에 불과한 법학적 언명의 영역에서는 정합설적 진리모델은 커다란 매력을 갖는다. 법학적 언명에서 매우 중요한 의미를 갖는 방법적 기준들(가치평가의 일관성이나 논증의 일관성)을 반영하기 때문이다.[58] 그렇지만 정합설의 약점은 정합성이라는 기준만으로는 - 적어도 정합성이라는 개념의 윤곽이 완전히 희미해지지 않으려고 하는 한 - 단지 법적 논증과 관련된 특정한 기준들만으로 포착할 수 있을 뿐이라는 사실이다. 법에 관한 언명의 정당성(진리) 여부에 대한 결정을 내릴 때에 언명이 어떠한 근거를 갖고 있는가에 초점을 맞춘다면, 법학의 기준에 비추어 중요한 의미가 있는 모든 논거를 고려해야 한다.

58 법이론 문헌에서 정합설에 가까운 입장으로는 *Bracker*(각주 19; 상당히 세분화된 관점은 S. 244f.); *Klaus Günther*(각주 56; 귄터는 그가 '정당화논의'로부터 구별하는 '적용논의'의 영역과 관련하여 정합설을 주장한다[이에 동의하는 견해로는 *Habermas*, Faktizität und Geltung, 1992, S. 265ff.]); *Strauch*(각주 20) 참고. 또한 *Alexy/Peczenik*, The Concept of Coherence and Its Significnace for Discursive Rationality, in: Ratio Juris 3(1990), S. 130ff.도 참고.

g) 진리기준으로서의 정당화가능성

aa) 논증에 의존하는 진리

이상의 서술은 법적 규범이나 결정의 영역과 관련하여 다음과 같은 점을 의미한다. 즉, 법적 언명은 그것이 법적 논증규칙에 비추어 정당화될 수 있을 때에 진리이다(또는 정당하다).[59]

내가 보기에는 이것이 사실상 법적 언명의 영역에서 유일하게 설득력을 갖는 진리기준 또는 정당성기준인 것 같다. 즉, 결정의 정당성은 결정에 대한 근거제시에 의존한다. 바로 이 점에서 법학은 자연과학과 구별되며, 또한 대다수 사회과학 분과와도 구별되는 것 같다. 이에 반해 물리학적 이론의 진리는 결코 이 이론을 위해 제시되는 근거들에 의존하지 않는다. 다시 말해 자연과학에서는 하나의 이론에 대해 제시되는 근거가 전혀 쓸모없거나 말도 안 되는 경우라 할지라도 이론 자체는 얼마든지 타당할 수 있

---

59 *Patterson*, Recht und Wahrehit, 1996: 페터슨에 따르면, 하나의 법적 언명은 이 언명이 언명과 사안 사이의 관계를 정확하게 언급할 때 진리가 되는 것이 아니라, "능력을 갖춘 법적 행위자가 자신의 주장을 정당화할 수 있을 때(S. 173)"에 진리가 된다고 한다. 같은 의미에서 이미 *Engisch*, Wahrheit und Richtigkeit im juristischen Denken, 1963도 "정당한 결정은 방법에 부합하여 근거가 제시된 결정이다(S. 14)"라고 말하고 있다.

다.[60] 이에 반해 법적 정당화의 수준은 곧바로 이 근거제시에 기초한 결정의 수준에 좌우된다. 따라서 똑같은 법적 견해일지라도 특정한 근거제시와 함께라면 얼마든지 납득할 수 있는 반면, 다른 근거제시를 통해서는 납득할 수 없는 경우도 있다. 어떠한 논증은 납득할 수 있고, 어떠한 논증은 납득할 수 없는지는 한 사회의 법문화에 뿌리내리고 있고, 시간의 흐름에 따라 변화하는 논증기준에 비추어 결정된다. 이로 인해 법학적 언명은 문화적 및 역사적 상대성을 갖게 되는데, 이러한 상대성은 법학적 언명이 제기하는 정당성주장의 관점에서 전혀 문제가 없다. 왜냐하면 이 상대성은 그와 관련된 징표들을 묵시적으로 고려함으로써 얼마든지 극복할 수 있기 때문이다. 즉, 법상태에 관한 언명은 그때그때마다 '*지금 여기에서*(hic et nunc)' 효력을 갖는 법체계와 관련되며, 따라서 해당하는 법체계가 속해 있는 법문화의 기준들을 지향한다.

하지만 법학적 언명의 정당성주장과 관련하여 상당히 위험한 요인은 다음과 같은 명백한 사정이다. 즉, 지금 여기에서 효력을 갖는 논증기준들마저도 법질서의 규범적 내용에 대해 서로 일치된 견해를 보장할 수 없는 경우가

60 이에 관해 자세히는 *Neumann*, Juristische Argumentationslehre, 1986, S. 6f. 참고.

자주 있고, 그렇기 때문에 근거제시 가능성이라는 기준에 따를지라도 상이한 결정들을 납득할 수 있게 되고, 그런 의미에서 상반되는 결정들을 모두 '정당하다'고 볼 수밖에 없는 경우가 많다고 추측하게 된다. 실제로 상반되는 판결들이나 법도그마틱의 논쟁이 존재한다는 사실 자체만 보더라도 완전히 반대되는 결정들과 법규칙들 모두 방법적으로 전혀 문제가 없이 정당화할 수 있다는 뜻이 아니겠는가? 그리하여 '근거제시 가능성'이라는 정당성기준을 제안하더라도 결국은 법적 사고에서 정당성주장이 차지하는 의미를 극히 상대화하는 것은 아닐까?

bb) 법적 논증기준의 이질성

이러한 물음들은 법적 논증의 구조와 관련된 법학의 학문이론적 특수성 때문에도 더욱 커다란 비중을 갖게 된다. 특정한 법규칙이 특정한 법체계의 구성부분으로 인정될 수 있는가의 문제를 논의할 때 제시될 수 있는 논거들에는 여러 가지 유형이 있고 또한 각 논거들이 나아가는 방향도 다양하다. 이런 의미에서 법학은 *이질적* 토대에 기초한 분과이다.[61] 다시 말해, 규칙 R1를 인

61 이에 관해 자세히는 *Eike von Savigny*, Die heterogene Basis als wissenschaftstheoretisch bedeutsames Merkmal der strafrechtsdogmatischen Argumentation, in: *Neumann/Rahlf/v. Savigny*, Juristische Dogmatik und

정해야 할 근거가 되는 유형 A1의 논거(찬성논거)는 이 규칙을 거부해야 할 근거가 되는 유형 A2의 논거(반대논거)와 대립되는 것이 일반적이다. 프로이센 산림절도법에 관한 유명하고도 악명이 높은 연방법원의 판결(BGHSt 10, 375)을 보기로 들어보자. 이 판결은 법률의 문언상 행위자가 '줄이 달린 수레'를 이용하여 산림절도를 저질렀을 것을 전제하고 있는 형벌구성요건을 행위자가 자동차를 이용하여 산림절도를 한 경우에도 적용할 수 있는지를 결정해야 했다. 법률문언은 명백히 이 형벌구성요건을 적용할 수 없게 되어 있었다. 즉, 자동차는 모토로 움직이지, 수레를 끄는 동물에 의해 움직이는 '줄이 달린 수레'가 아니다. 이에 반해 법률의 목적에 비추어 볼 때에는, 형벌구성요건을 적용하는 것이 타당했다. 왜냐하면 문제의 형벌구성요건은 행위자가 특정한 장치를 이용하여 대량으로 목재를 운반하는 경우에 대해 형벌을 가중하고자 했기 때문이다. 이 측면에서 보면 자동차를 이용한 행위는 줄이 달린 수레를 사용한 행위와 같이 취급해야 했다. 그리하여 한편에서는 문언논거가, 다른 한편에서는 목적론적 논거가 각각 서로 상반되는 결정의 근거가 될 수 있는 상황이었다.

Wissenschaftstheorie, 1976, S. 144ff. 참고.

이 사례는 법적 논거들의 이질성이라는 문제를 매우 극명하게 보여준다. 왜냐하면 법적으로 다툼이 있는 문제를 둘러싼 상황에서 이루어지는 논증은 서로 다른 유형의 논거들 다수에 의해 지배되는 것이 전형적이기 때문이다. 문언논거와 목적론적 논거 이외에도 예컨대 역사적 논거, 발생사적 논거, 체계적 논거 등등으로 구별할 수 있고, 결정의 결과나 일반적 법원칙 또는 정의의 요구와 관련된 논거들도 있다.[62] 이와 같은 다양한 논거유형들 때문에, (사법부에서든 또는 학문적 연구에서든) 법학이 법적 규율체계를 처리할 때 제기되는 과제 역시 다차원적이지 않을 수 없다. 즉, 법학에 의해 표명되는 규칙들은 원칙적으로 입법자의 법제정행위에 연결되어 있어야 한다(예컨대 법관의 노골적인 법형성은 예외에 해당한다). 다른 한편 법적 규칙과 결정들은 정의와 실천이성의 관점에서 사법부의 활동이 충족해야 할 요건들에 상응해야 한다. 이런 의미에서 법적 논증과 관련해서는 원칙적으로 *권위*논

62 각 논거들을 어떻게 분류할 것인가에 관한 제안들 역시 현격한 차이가 있다. 이에 관해서는 예컨대 *Alexy*, Theorie der juristischen Argumentation, 3. Aufl. 1996, S. 285ff.; *Friedrich Müller*, Juristische Methodik, 7. Aufl. 1997, S. 216ff.; *Schroth*, Eine Methode der formalen Rekonstruktion von Gerichtsurteilen, in: *Hassemer/Kaufmann/Neumann*(Hrsg.), Argumentation und Recht, ARSP-Beiheft Nr. 14(1980), S. 119ff., 122f. 참고.

*거*와 *실질논거*를 구별할 수 있다.[63] 전형적인 권위논거는 예컨대 입법자의 의사를 원용하거나 법률문언을 논거로 내세우는 경우이다. 전형적인 실질논거는 예컨대 법규칙의 정의나 합리성 또는 이 규칙을 적용했을 때 나오게 되는 긍정적 결과 등이다. 더 나아가 법체계는 규율도구들의 일관성도 보장해야 한다. 예를 들어 체계적 해석과 법질서의 통일성이라는 논거는 이러한 목표에 기여하기 위한 것이다.

법학적 언명의 정당성주장과 관련하여 법적 논증의 이질적 도대라는, 결고 부정할 수 없는 사실은 두 가지 관점에서 혼란을 낳는다. 첫째, 사용되는 논거유형들의 리스트는 결코 일반적으로 인정되는 규범이 아니다. 예를 들어 법도그마틱에서 형성되는 규칙들과 관련하여 이 규칙들을 법실무에서 적용했을 때 나타나는 실제 결과까지 고려해야 하는지 그리고 만일 고려한다면 어느 정도까지 고려해야 하는지에 관해서는 전혀 합의를 보지 못하고 있

63 이에 관해 자세히는 *Norbert Horn*, Rationalität und Autorität in der juristischen Argumentation, Rechtstheorie 6(1975), S. 145ff. 참고. 요약적으로는 *Neumann*, Theorie der juristischen Argumentation, in: *Kaufmann/Hassemer/Neumann*(Hrsg.), Einführung in Rechtsphilosophie und Rechtstheorie der Gegenwart, 7. Aufl. 2004, S. 333ff., 337f. 참고.

다.[64] 특히 형법에서는 법률을 해석할 때 형사정책적 논거가 허용되는지를 둘러싸고 상당히 논란이 많다. 둘째, 법적으로 논란이 많은 문제와 관련하여 찬성논거와 반대논거들이 함께 존재하고 또한 이 논거들이 서로 대립한다는 사실로 인해 개별적인 결정근거들이 갖는 비중을 저울질하지 않을 수 없으며, 그러한 작업은 논거들의 역학관계 모델을 구성하는 방법을 통해 처리될 수 있다. 즉, 개별 논거들을 벡터로 해석하여, 각 벡터가 나가는 방향과 비중이 규칙형성과 관련된 올바른 결정을 그 결과로서 규정하도록 할 수 있다.

cc) 법적 형량과정의 구조

논거를 저울질하는 이러한 과정이 과연 명확한 결론에 도달할 것인지는 논거들의 상대적 비중을 결정하는 명확한 규칙을 형성할 수 있느냐에 달려 있다. 법학방법론에서 이 물음은 해석기준의 서열에 관한 문제로 논의되고 있고,[65] 이 물음에 대한 대답과 관련해서는 상당히

64 이에 관한 상세한 서술 및 논의상황에 관한 문헌들에 대해서는 *Deckert*, Folgenoreientierung in der Rechtsanwendung, 1995 참고.

65 이에 관해서는 *Larenz*, Methodenlehre der Rechtswissenschaft, 6. Aufl. 1991, S. 343ff.; *Bydlinski*, Juristische Methodenlehre und Rechtsbegriff, 2. Aufl. 1991, S. 553ff.; *Kramer*, Juristische Methodenlehre, 1998, S. 127ff.; *Looschelders/Roth*, Juristische

논란이 많다. 적어도 해석기준들 사이의 위계질서를 인정하는 한, - 법률구속의 원칙을 근거로 - 역사적 입법자의 의사나 법률문언과 같은 권위논거가 최상위에 자리 잡는다.[66] 그러나 해석기준들 사이에 확고한 서열관계가 있다는 생각은 동일한 유형의 논거일지라도 각각의 정당화맥락에 따라 전혀 다른 비중을 갖게 된다는 사정 때문에 결코 타당할 수 없다.[67] 예를 들어 *결과논거*를 생각해 보면 이 점이 분명하게 드러난다. 즉, 특정한 법률해석을 취했을 때 나타나는 결과는 극히 다양한 정도로 바람직하거나 바람직하지 않을 수 있고, 바람직하지 않은 부정적 결과라고 할 때에도 '썩 내키지 않는'부터 시작해서 '도저히 참을 수 없는'(예컨대 법률이 원천적으로 무효라고 선고하게 되면, 이미 그 법률에 따라 발생한 상황을 청산하는 일

Methodik im Prozess der Rechtsanwendung, 1996, S. 192ff. 참고.

66 *Koch/Rüßmann*, Juristische Begründungslehre, 1982, S. 176ff.; *Alexy*, Theorie der juristischen Argumentation, 3. Aufl. 1996, S. 303ff., 305("법률문언 또는 입법자의 의사에 대한 구속을 표현하는 논거들은 다른 논거들에 우선한다. 다만 이와는 다른 논거들에게 우선권을 부여해야 할 합리적 근거가 제시될 때에는 그렇지 않다.").

67 *Larenz/Canaris*, Methodenlehre der Rechtswissenschaft, 3. Aufl. 1995, S. 166. 서열관계를 형성할 가능성 및 필요성에 대해 회의적인 입장으로는 *Brugger*, AöR 119(1994), S. 21ff., 32; *Hassemer*, Juristische Hermeneutik, ARSP 72(1986), S. 195ff., 204; *Arthur Kaufmann*, Das Verfahren der Rechtsgewinnung, 1999, S. 93f.; *Röhl*, Allgemeine Rechtslehre, 2. Aufl. 2001, S. 595; *Zippelius*, Juristische Methodenlehre, 8. Aufl. 2003, S. 58, 62f.도 참고.

이 거의 불가능한 경우가 여기에 해당한다)에 이르기까지 다양한 단계가 있을 수 있다. 다른 모든 논거들 역시 마찬가지이다. 입법자의 의사가 명확하고 명시적으로 표현될 때도 있지만, 막연하고 불확실하게 표현될 때도 있다. 또한 단체를 결성하여 절도를 한 행위를 가중 처벌하는 형법 제244조 제1항 2호에서 의미하는 '단체'가 두 사람으로 이루어질 수도 있는지를 결정해야 할 때의 문언논거는 세 사람이 공범인 경우에 이 형벌구성요건에서 의미하는 '단체'에 해당하는지를 결정할 때의 문언논거에 비해 훨씬 더 커다란 비중을 갖게 된다. *체계적* 논거의 비중 역시 예컨대 논리적 모순을 피하기 위한 것인지 아니면 단지 여러 법영역들 상호간의 관계에서 가치평가의 일관성을 보장하기 위한 것일 뿐인지에 비추어 체계적 일관성의 의미가 구체적으로 얼마만큼 중요한지에 따라 달라진다.

법적 논거들(또는 논거유형들)이 각각의 맥락에 따라 서로 다른 특수한 비중을 갖는다는 원칙의 예외는 2항적 구조를 가진 논거들, 다시 말해 '많다/적다'라는 원칙이 아니라, '예/아니요'-도식으로 기능하고 동시에 다른 유형의 논거들보다 압도적으로 우월한 논거들이다. 이와 같은 논거들 가운데 대표적인 보기는 인간의 존엄이다. 즉, 인간존엄원칙에 대한 전통적인 이해에 따르면, 인간의 존엄을

침해하는 것은 어떠한 경우든 관계없이, 다시 말해 그러한 침해를 정당화할 수 있는 논거가 있을 수 있는 경우라 할지라도 절대적으로 금지된다. 구체적 보기를 들어 설명해보자. 고문은 인간존엄의 침해로서 설령 다른 사람들을 구하기 위한 목적에서 고문이 충분한 근거가 있는 경우일지라도 절대적으로 금지된다.[68] 죄형법정주의(법률 없으면 범죄도 형벌도 없다; 기본법 제103조 제2항)라는 헌법적 원칙도 이러한 보기에 해당한다. 즉, 법률문언과 합치할 수 없는 방식으로 법률을 해석하여 가벌성의 근거로 삼는 것은 설령 관련된 행위를 처벌해야 할 중대한 논거들이 존재한다고 할지라도 결코 허용되지 않는다. 이 점에서 죄형법정주의원칙은 모든 반대논거들에 대해 결코 뛰어넘을 수 없는 한계를 설정하고 있는 셈이다.

이러한 제한적인 예외를 제외한다면, 법적 쟁점이 되는 문제를 둘러싸고 여러 가지 논거들이 병존 및 대립하는 상황에서는 논거들의 형량(Abwägung)이 필요하다.[69] 하지만 형량과 관련해서는 일반적으로 인정되는 보편적 규

68 고문에 관련된 논의에 대해서는 *Saliger*, Absolutes im Strafprozeß? Über das Folterverbot, seine Verletzung und die Folgen seiner Verletzung, ZStW 116(2004), S. 35ff. 참고.

69 법적 형량의 구조에 관해서는 *Alexy*, Theorie der Grundrechte, 2. Aufl. 1994, S. 79ff., 143ff.; *Enderlein*, Abwägung in Recht und Moral, 1992; *Sieckmann*, Zur Begründung von Abwägungsurteilen, in: Rechtstheorie 26(1995), S. 45ff. 참고.

칙이 존재하지 않는다. 심지어 한쪽이 인간존엄 원칙이나 죄형법정주의원칙과 같은 형량이 불가능한 논거를 내세우는 법적 논의에서조차도 논의 자체가 이미 결정이 난 것이라고 생각할 수 없다. 왜냐하면 상대방은 - 기본법 제1조 제1항에 대한 전통적인 이해에 따라 - 시민의 권리와 이익에 대한 침해가 인간의 존엄에 대한 침해일 때에는 어떠한 경우에도 허용되지 않는다는 사실을 전혀 반박하지 않지만, 실제로 인간의 존엄에 대한 침해가 존재한다는 사실 자체를 얼마든지 반박할 수 있기 때문이다. 이와 마찬가지로 훨씬 더 중대한 공동체의 이익을 이유로 죄형법정주의원칙을 위반해서라도 처벌을 정당화해야 한다고 주장하지는 않지만, 이 원칙 자체가 전혀 침해되지 않는다는 주장을 통해 이 원칙에 의한 논증의 차단을 극복할 수 있다. 구동독의 국경에서 '공화국탈주자'들에게 총격을 가하여 사망하게 한 국경수비대요원들에 대한 형사소송에서 연방법원이 구사한 논증전략도 그와 같았다. 연방법원은 구동독 당시의 법률규정에 의해 총격이 분명 정당화되었지만, 해당하는 구동독 법이 자연법적 규범에 위반되었기 때문에 이미 무효였다는 근거를 내세워 총격행위는 행위시점 및 구동독 법질서에 비추어 볼 때에도 가벌성이 있다고 판결했다[70]. 그렇기 때문에 법적 논증에서 형량의 대상이 되지 않는 '절대적으로 우월한 논거'를 동원하여 도달할 수 있을 것처럼 보이는 확실한 결과마저도 실제로는 결코 확실하지 않다. 바로 이 지점에서 다시 '근거제시'라는 기준이 법적 주장의 정당성주장을 엄청나게 약화시킨다고 결론을 내려야 하는 것일까?

하지만 그것은 너무 성급한 결론이다. 왜냐하면 그런 식의 결론은 '근거제시'라는 개념을 어떤 식으로 이해할 것인지에 따라 얼마든지 다르게 평가할 수 있기 때문이다. 만일 이 개념을 경험적-사회학적 의미로 해석하면, 실제로 법학과 법실무의 정당성주장은 상당부분 상대화되는 결과를 낳는다. 그렇게 되면 법적 학문공동체(scientific community)에 속하는 한 동료에 대해 명백한 오류라고 비난할 수 있는 경우가 아닌 한, 모든 것은 납득가능하다. 따라서 서로 모순될지라도 그 자체만으로는 얼마든지 납

---

70 이 것이 '라드브루흐 공식'을 주축으로 삼으면서, 동시에 초실정적 법, 국제법 그리고 구동독의 법을 결합시켜 복잡하고도 결코 투명하다고 볼 수 없는 이유를 제시하고 있는 연방법원의 판결(BGHSt 39,1; BGHSt 41, 101도 비슷하다)의 핵심논거이다. 이러한 논증전략에 대한 적절한 비판으로는 *Horst Dreier*, Gustav Radbruch und die Mauerschützen, JZ 1997, S. 421 참고. 또한 관련된 논의에 대한 구체적 내용으로는 *Neumann*, Rechtspositivismus, Rechtsrealismus und Rechtsmoralismus in der Diskussion um die strafrechtliche Bewältigung politischer Systemwechsel, Lüderssen-FS 2002, S. 109ff. 참고.

득할 수 있는 여러 입장들이 공존할 여지가 폭넓게 인정된다. 이와는 반대로 '근거제시'라는 개념을 규범적 내용을 담은 엄격한 의미로 해석할 수도 있다. 근거제시를 규범적으로 해석하게 되면, 정당한 근거제시, 즉 모든 중요한 논거들을 완벽하게 고려하고 각 논거들의 비중을 적절히 가늠한 논증을 거쳐 도출된 견해만이 정당화가 가능하다고 이해하게 된다. 그렇기 때문에 근거제시를 정당성기준으로 원용하는 것은 법적 언명의 진리에 대한 섬세한 이해와 얼마든지 합치할 수 있게 된다. 이 점에서 유일하게 정당한 결정이라는 테제(이 테제를 '규제이념'으로 파악하는 입장에 관해서는 아래의 3. b 참고)가 '근거제시를 통한 정당성'이라는 모델에 가까이 서있는 법철학자들[71]에 의해 주장되고 있다는 사실은 커다란 의미가 있다. 이와 관련하여 결정적인 물음은 모든 법적 사례에 대해 유

71 *Alexy*, Probleme der Diskurstheorie(1989), in: *ders.*, Recht, Vernunft, Diskurs, 1995, S. 109, 121f.; *Klaus Günther*, Der Sinn für Angemessenheit. Anwendungsdiskurse in Moral und Recht, 1988, S. 345ff.; *Habermas*, Richtigkeit versus Wahrheit. Zum Sinn der Sollgeltung moralischer Urteile und Normen, in: *ders.*, Wahrheit und Rechtfertigung, 1999, S. 271ff., 300(하버마스는 도덕적 논쟁에 집중한다. 드워킨의 입장을 논박하면서 유일하게 정당한 결정의 문제에 대해 세분화된 이론을 구성하고 있는 *Habermas*, Faktizität und Geltung, 1992, S. 248ff. 참고); *Sieckmann*, Zur Begründung von Abwägungsurteilen, in: Rechtstheorie 26(1995), S. 45ff., 69; *Lorenz Schulz*, Normiertes Misstrauen(각주 7), S. 241ff. 참고.

일하게 정당한 단 하나의 결정만이 존재한다는 전제가 과연 인식론적 비판을 견뎌낼 수 있는가 하는 점이다.

3. 유일하게 정당한 결정에 관한 이론

a) 존재론적 해석

오늘날의 논의맥락에서 유일하게 정당한 결정이라는 테제는 로날드 드워킨이 무엇보다 하트(H.L.A. Hart)의 법실증주의를 반박하면서 제기한다.[72] 하트에 따르면 실정법의 규칙들은 특정한 경우에는 법관이 법률에 구속당하지 않고, 재량을 갖고 결정할 수 있는 여지가 있다고 한다.[73] 이에 반해 드워킨은 해결하기 어려운 사례(hard cases)인 경우에도 법관의 결정은 법규범을 통해 완벽하게 규정된다는 견해를 주장한다. 물론 이러한 결정이 반드시 법적 *규칙*들로부터 도출되지는 않지만, 법규범의 총체로부터는 얼마든지 도출될 수 있으며, 법적 규칙 이

---

72 *Dworkin*, Bürgerrechte ernstgenommen, 1984(영어원본 "Taking Rights Seriously", 1977), S. 144ff., 448ff., 529ff.; *ders.*, A Matter of Principle, 1985, S. 119ff.; *ders.*, Law's Empire, 1986, S. 211ff.

73 *Hart*, Der Begriff des Rechts, 1973(영어원본 "The Concept of Law", 1971), S. 173ff.

외에 법의 *원칙*들도 그러한 법규범에 속한다고 한다. 법적 기준에 비추어 유일하게 정당한 결정이 있다는 사고는 법적으로 완벽하게 규정되는 결정이라는 모델에 부합하는 것이다. 이러한 사고는 궁극적으로 다툼이 있는 법적 견해들이 다수 존재하는 이유는 법의 다의성 탓이 아니라, 전적으로 진정한 법을 인식하지 못하는 법률가의 무능 탓이라는 결론에 도달한다. 즉, 법률가들의 견해가 대립하는 것은 법질서의 규율상의 결함 탓이 아니라, 법질서를 다루는 사람들의 인식상의 결함 탓이라는 것이다.

드워킨은 자신의 테제를 상당히 자극적인 표현을 동원하여 다음과 같이 묘사한다. 즉, 초인적 능력을 갖고 있는 법관 – 드워킨은 이러한 법관을 헤라클레스라고 부른다 – 은 그보다 능력이 훨씬 떨어지는 평범한 법관 – 허버트 – 의 의심 따위에는 구속되지 않는다고 한다.[74] 그러나 이러한 묘사는 그것이 갖고 있는 증명력에 비해 감정을 자극하는 힘이 더 강할 뿐이다. 왜냐하면 영웅 헤라클레스에게 무슨 일을 맡기든 - 그리스 신화에서 등장하듯이 그가 엄청난 힘을 가진 사자를 제압하는 일을 해야 하는지 아니면 정당한 결정을 찾아야 하는지 – 관계없이 헤라클레스가 임무를 수행하기 위해서는 일단 그의 임무에 상응하

74 *Dworkin*, Bürgerrechte ernstgenommen, 1984, S. 182ff.

는 대상이 존재해야 한다. 다시 말해 법학적 헤라클레스라는 표현은 유일하게 정당한 결정이라는 이념을 *묘사*할 뿐, 이 이념의 근거를 제시하지는 않는다.[75] 어떠한 경우든 드워킨의 헤라클레스는 유일하게 정당한 결정이라는 테제와 결부된 근거제시부담을 떠안지 않는다. 이는 너무나도 무거운 부담이기 때문이다. 왜냐하면 유일하게 정당한 단 하나의 결정이 가능하기 위해서는 한 사회에서 다툼의 대상이 되는 모든 선례와 법원칙들을 완벽한 정확성을 지닌 하나의 전체체계로 집약해야 하기 때문이다. 하지만 그렇게 하기 위해서는 다시 법원칙들의 비중을 서로 다르게 저울질하는 것이 불가능한 사회를 전제해야 한다. 물론 그러한 전제는 다원주의 사회에서는 설득력이 없다. 따라서 원칙적으로 인식할 수 있는 유일하게 정당한 결정이 존재한다는 식의, 드워킨이 원래 주장했던 '강한' 형태[76]로 이 이론

75 "헤라클레스(또는 이상적 관찰자나 윤리학에서 말하는 현자)에 대한 지적은 순환논법이며, 우리가 철학적인 법관과 그렇지 않은 법관을 구별할 수 있도록 해주는 기준을 이미 갖고 있다는 것을 전제한다[*Jean-Claude* Wolf, Gesetzesregeln und Gesetzesprinzipien, in: *Wesche/Zanetti*(Hrsg.), Dworkin in der Diskussion, 1999, S. 345ff., 364]."

76 드워킨이 후기 저작에서는 은연중에 이러한 견해로부터 벗어났는지 여부(이를 긍정하는 입장으로는 *Wesche*, Auslegung, Fortbildung oder Schöpfung des Rechts? Überlegungen zur juristischen Interpretation anhand der Theorie Ronald Dworkins, in: *Wesche/Zanetti*[Hrsg.], Dworkin in der Diskussion, 1999, S. 254, 284 참고)는 우리의 맥락에서는 중요하지 않다.

을 견지할 수는 없는 노릇이다.[77]

b) 규제이념으로의 해석

물론 그렇다고 해서 유일하게 정당한 결정이라는 이념을 법이론에서 아무런 대안도 마련하지 않은 채 완전히 제거해야 된다는 뜻은 아니다. 왜냐하면 이 이념이 비록 법이론의 '객관적' 상태에는 부합하지 않지만, 법관의 주관적 관점에는 얼마든지 부합하기 때문이다. 법관은 정당한 결정을 추구해야 한다. 법관은 결코 다수의 납득할 수 있는 견해들 가운데 주사위를 던져 하나를 선택해서는 안 된다. 달리 표현하자면, 수많은 사례들에서 서로 다른 결정들이 충분한 근거를 갖고 주장될 수 있다는 법이론적 통찰은 법관의 행위준칙으로서는 적절하지 않

77 드워킨을 비판하는 수많은 글들 가운데 예컨대 *Aarnio*, One Right Answer and the Majority Principle, in: *H.J. Koch/U. Neumann*(Hrsg.), Praktische Vernunft und Rechtsanwendung, ARSP-Beiheft 53(1994), S. 36ff.; *Alexy*, Probleme der Diskurstheorie(1989), in: *ders.*, Recht, Vernunft, Diskurs, 1995, S. 109, S. 121f.; *Grasnick*, Beobachtungen der Juristen - und das Vorbeisehen an ihnen, ARSP 85(1999), S. 233ff., 235f.; *Koller*, Theorie des Rechts, 2. Aufl. 1997, S. 180ff.; 조금 더 세분된 관점에서 드워킨을 옹호하면서 동시에 비판적 의문을 제기하는 *Bittner*, Recht als interpretative Praxis. Zu Ronald Dworkins allgemeiner Theorie des Rechts, 1988, S. 230ff. 참고.

다. 법관은 자신의 판결활동과 관련하여 모든 사건에서 마치 오로지 하나의 결정만이 정당한 *것처럼* 재판해야 한다. 왜냐하면 법관은 결정을 내릴 뿐만 아니라, 자신의 결정이 정당한 결정이라는 주장도 함께 제기해야 하기 때문이다. 이를 위해 제시될 수 있는 근거들 가운데 여기서는 우선 평등취급이라는 논거를 언급하기로 한다.[78] 즉, 법원이 - 독일의 경우처럼 - 원칙적으로(따라서 최소한의 예외는 있지만) 다른 법원의 판결을 지침으로 삼아야 할 의무를 부담하지 않는 한, 평등취급은 오로지 두 가지 서로 모순되는 설성들 가운데 하나는 필연적으로 오류이어야 한다는 이념을 통해서만 보장될 수 있다.[79] 왜냐하면 여러 법원들의 판결활동에 비추어 보든, 여러 연방주들의 다양한 입법활동에 비추어보든, 납득할 수 있는 다수의 상이한 결정들이 반드시 조화를 이루어야 할 필요는 없기 때문이다.

법관의 결정발견과 근거제시의 관점에서 도출되는 결과는 더욱 중요한 의미가 있다. 왜냐하면 다수의 결정들

78 이에 관해서는 예컨대 *Bleckmann*, Spielraum der Gesetzesauslegung und Verfassungsrecht, JZ 1995, S. 685, 686 참고.

79 이에 관해서는 예컨대 *Tolksdorf*, Revision und tatrichterlicher Beurteilungsspielraum bei der Gesetzesanwendung, in: Strafverfahrensrecht in Theorie und Praxis. Festschrift für Lutz Meyer-Goßner, 2001, S. 523, 534 참고.

이 납득가능하다는 원칙이 법관의 판결활동의 준칙으로 정립되게 되면, 이 원칙은 결국 우연적인 법발견을 옹호하는 방법으로 정착하게 될 것이기 때문이다. 다시 말해, 만일 법관이 다수의 결정대안들이 모두 똑같이 납득가능하다는 전제에서 출발하게 되면, 정당한 해결책을 추구할 필요가 없게 된다. 그리하여 결정은 오로지 결단을 통해 내려질 수 있고, 판결에 대한 근거제시에서도 그저 결단과 관련된 사정을 제시하기만 하면 된다고 보게 된다. 이와는 반대로 바로 그 결정의 정당성에 대한 근거를 제시해야 한다면, 결정을 발견할 때든 결정에 대한 근거를 제시할 때든 '유일하게 정당한 결정'이라는 목표를 지향하면서 반드시 모든 논거들을 섬세하게 저울질해야 할 것이다. 이와 같이 결정에 대한 완벽한 근거제시 절차를 거칠 때에만 법관의 활동이 이루어지기 위한 전제조건(그리고 비판적 관점에서 법관의 활동을 동반하는 법학의 전제조건)이 충족된다는 점은 특별히 강조할 필요가 없을 것이다. 이 점에서 얼마든지 다른 식으로 판결을 내릴 수도 있었다고 설명하는 '판결이유'는 이상한 판결이유에 그치는 것이 아니라, 잘못된 판결이유이다. 법관은 결정을 내릴 뿐만 아니라, 자신의 결정이 정당성을 갖는다는 주장도 제기해야 한다.

이러한 사정은 다음과 같은 테제로 표현할 수 있다. 즉, 유일하게 정당한 결정이라는 이념은 존재사실에 대한 주장으로서가 아니라, '규제이념(regulative Idee)'으로서 법학과 법실무의 토대가 된다.[80] 이 점은 '유일하게 정당한 결정'이라는 모델의 정당화와 관련하여 법이론적 논증에서 법실천적 논증으로 차원을 옮긴다는 것을 뜻한다. 다시 말해 법적 논의에 참여하는 사람은 필연적으로 자신의 입장이 유일하게 정당한 입장이라는 주장을 제기해야 한다.[81] 이와 관련해서는 유일하게 정당한 결정에 부합하는 권력분립원칙이라는 헌법적 원치도 중요한 논거가 된다.[82] 따라서 규제이념으로서의 유일하게 정당한 결정이라는 테제는 실질적으로 이론적 입증가능성의 대상이 아니라, 진리주장의 실천적 기능에 관한 문제이다. 제2부에 해당하는 아래의 서술에서 나는 이 문제에 대한 나의 견해를 밝히도록 하겠다.

---

80 *Alexy*, Probleme der Diskurstheorie(1989), in: *ders.*, Recht, Vernunft, Diskurs, 1995, S. 109, 121f.; *Sieckmann*, Begründung(각주 69), S. 69; *Lorenz Schulz*, Normiertes Misstrauen(각주 7), S. 245ff. 도덕철학적 논의에서 '유일하게 정당한 대답'이라는 목표에 관해서는 *Habermas*, Richtigkeit(각주 29), S. 300 참고.

81 *Alexy*, Probleme(각주 80), S. 121f.

82 *Lorenz Schulz*, Normiertes Misstrauen(각주 7), S. 273.

III : 법체계에서 진리주장의 기능

1. 진리를 통한 정당화와 권위를 통한 정당화

법체계에서 진리가 갖는 기능에 대한 물음에 다가서게 되면 먼저 정당화라는 사고에 직면하게 된다. 즉, 올바른 결정은 정당한 결정이다. 정당한 결정의 기준으로는 법적 행위의 내용적, 실질적 정당성이라는 의미의 진리가 법적 정당성의 또 다른 원천인 *권위*(auctoritas)와 경합관계에 있다. 물론 권위와 진리를 엄격하게 대비시키게 된 것은 진리가 '의례적이고 실효적이며 합당한 언명행위'로부터 그 언명의 내용 쪽으로 방향이 바뀌는 전개과정의 소산이다.[83] 법이론과 법학은 진리와 권위와 관련된 이러한 분화를 오늘날까지도 단지 제한적으로만 수행한 상태이다. 이 점은 법관이 갖고 있는 인격적 권위와 제도적 권위 모두에 해당되는 내용이다.

a) 법관의 인격을 통한 결정의 정당화

자유법학(Freirechtslehre)이 법관의 *인격*을 통해 결정을 정당화할 수 있다고 생각한 이유는 판결이 진리일 수 있는 가능성, 즉 판결이 법률과 일치한다는 의미에서 정당성을 가질 수 있는 가능성에 대해 회의를 품었기 때문이다. 법관의 결정이 법률을 통해 완벽하게 규정되지 못하고, 이 점에서 법관의 개인성, 즉 그의 인격이 결정에 함께 개입하게 된다는 사실은 자유법학의 주창자들이 포섭도그마에 대해 가한 비판의 핵심이다.[84] 진리와 인격, 이성적 통찰과 의지 사이의 대립은 헤르만 칸토로비치(Hermann Kontorowicz)에 의해 더욱 첨예하게 구성된다. 칸토로비치는 법관의 인식활동이라는 사고 대신에 의

83 *Foucault*, Die Ordnung des Diskurses, 1991, S. 14.

84 이에 관해서는 *Ehrlich*, Freie Rechtsfindung und freie Rechtswissenschaft, 1903, S. 29 참고.

지활동을 통한 법관의 법형성이라는 사고와 요청을 극단적으로 강조한다. "이성을 억제하고 조련시키는 것은 언제나 의지이다."[85] 그리하여 - 겉으로는 - 법률로부터 결론을 논리적으로 도출하는 것처럼 보이는 절차는 '진리가 아니라, 이익에 봉사할 뿐'이라고 한다.[86] 이로써 정의는 명백히 진리가 아니라, 법관의 인격에 구속되는 속성일 뿐이다. "*인격*이 있는 곳에만 정의도 있다."[87] 법관의 인격에 대한 숭배는 판결에 대해 근거를 제시해야 할 의무를 거부하는, 칸토로비츠의 유명한 문장을 통해 세속의 법관과 신적인 법관을 - 거의 신성모독에 가깝게 - 동일시하는 입장에서 절정에 도달한다. 이 유명한 문장에 따르면, "독실한 신자는 최후의 심판에 대해 그 결정에 대한 정당화를 요구하지 않는다"고 한다.[88]

칸토로비치가 명시적으로 자유종교운동과 유사하다고 이해한[89] 자유법학을 통해 거의 신학적이라고 할 수 있을 정도로 이상화한 법관상은 오늘날에는 그저 사상사의 한

---

85 *Gnaeus Flavius*(= Hermann Kantorowicz), Der Kampf um die Rechtswissenschaft, 1906, S. 22.

86 A.a.O. S. 37.

87 A.a.O. S. 47.

88 A.a.O. S. 42. 이 문장이 나온 후 몇 페이지 뒤에서 칸토로비치는 "인격이 있는 곳에만 정의도 있다"라고 말한다.

89 A.a.O S. 13.

페이지로 여겨질 뿐이다. 하지만 판결의 정당성을 위해서는 판결이 법관의 인격과 합치하는 것도 핵심적인 의미를 갖는다는 생각은 오늘날의 법철학 문헌에서도 등장한다.[90] 이를 통해 재판활동에서 법관의 개인적 속성을 결코 배제할 수 없다는 통찰을 긍정적인 방향으로 사용하기도 한다. 그렇긴 하지만 이와 같이 법관의 '법발견'에서 결코 피할 수 없는 주관적 요소를 옹호하는 해석은 판결의 대상이 되는 당사자들의 관점에서는 결코 설득력을 지닐 수 없다. 왜냐하면 당사자들의 입장에서 그와 같은 해석은 예컨대 피고인으로서 유죄판결을 받는지 아니면 무죄를 선고받는지 또는 민사소송의 당사자로서 승소하는지 아니면 패소하는지 여부가 법관의 인격에 달려 있다는 사실의 확인일 뿐만 아니라, 이 사실의 정당화로도 여겨지기 때문이다. 극단적으로 표현하자면, 법관에 대해 그의 개인적 인격이 갖는 가치를 인정한다는 뜻으로 여겨지는 내용이 당사자들의 관점에서는 법관의 자의를 정당화하는 내용으로 들리지 않을 수 없다.

---

90 예컨대 *Arthur Kaufmann*, Richterpersönlichkeit und richterliche Unabhängigkeit(1974), in: *ders.*, Über Gerechtigkeit, 1993, S. 141ff. (카우프만은 여기서 칼 페터스 Karl Peters를 인용한다).

b) 제도적 권위를 통한 결정의 정당화

앞에서 논의한 견해들이 결정의 정당성을 법관의 인격과 결합하는 것에 반해, 다른 견해들은 정당성과 법관의 제도적 권위 사이의 연관성을 중시한다. 이와 관련된 대표적인 보기는 실체법적 확정력설[91]과 양형과 관련된 법관의 형성행위에 관한 이론[92]이다. 실체법적 확정력설은 구속력을 갖는 실체법적 규칙을 위반했기 때문에 실질적으로 부정당한 판결의 확정력의 문제를 단칼에 '해결'한다. 즉, 실체적 법상태가 판결을 통해 변경되었고, 따라서 판결과 실체법 사이의 간격이 메워졌다고 한다. 이 학설의 기본적 사고는 다음과 같다. 즉, 확정력을 갖게 된 결정이 실체법을 따르는 것을 보장할 수 없다면, 거꾸로 실체법이 이 결정을 따르도록 만들면 된다는 것이다. 이렇게 되면 결정행위는 판결의 정당성을 구성하는 요소가

91 *Pagenstecher*, Zur Lehre von der materiellen Rechtskraft, 1905, S. 302ff.; Kohler, Zivilprozeßrecht und Konkursrecht, in: von *Holtzendorff/Kohler*, Enzyklopädie der Rechtswissenschaft, 7. Aufl. 1913, Bd. 3, S. 251ff.; *Birkmeyer*, Deutsches Strafprozeßrecht, 1898, S. 680.

92 *Dreher*, Über die gerechte Strafe, 1947, S. 64ff.; *ders.*, Zur Spielraumtheorie als der Grundlage der Strafzumessungslehre des Bundesgerichtshofes(1967), in: *ders.*, Bemühungen um das Recht, 1972, S. 119ff.

된다. 이런 의미에서 파겐슈테히어(Pagenstecher)는 전혀 오해의 여지가 없을 정도로 명시적으로 다음과 같이 말한다. "법관이 선언하는 것이 진리가 아니라면, 법관이 진리라고 선언하는 것이 진리가 된다."[93]

이러한 폭력적 '해결'은 단순한 허구로 귀착할 수밖에 없는데,[94] 이는 (실체법적) 정당성과 구속력을 함께 묶어 생각하는 사고방식을 반영한 것이다. 그 결과 하나의 결정의 구속력이 결정의 정당성 또는 부정당성에 대한 당사자들의 판단에 내맡겨지지 않도록 하기 위해 잘못된 결정에 대해서까지 정당성을 허구적으로 인정해야만 한다. 권위가 진리를 만드는 것이다(Auctoritas facit veritatem). 이처럼 진리와 권위를 결합하는 것은 비록 논리적 구성은 다르지만 어쨌든 특정한 목적을 위한 허구를 통해 교황의 무오류성 도그마를 정당화하는 역할을 한다. 이 경우에는 진리가 교황의 선언을 통해 구성되는 것이 아니라, 이미 주어져 있는 진리를 그르치는 결정 자체가 불가능하다는 선언을 통해 결정과 진리의 일치를 보장하게 된다는 점에

---

93 *Pagenstecher*(각주 91), S. 305.

94 이러한 비판에 관해서는 *Goldschmidt*, Der Prozeß als Rechtslage, 1925, S. 188; *Niese*, Doppelfunktionelle Prozeßhandlungen, 1950, S. 111 참고. 최근의 법철학적 문헌 가운데는 예컨대 Saliger, Radbruchsche Formel und Rechtsstaat, 1995, S. 64f. 참고.

서 앞에서 말한 실체법적 확정력설과는 다르다. 하지만 결론뿐만 아니라, 그 동기에 비추어 보더라도 이 두 가지 허구는 완전히 일치한다. 교회의 권위는 본질적으로 교회의 진리주장에 기초하기 때문에, 교회 도그마의 구속력은 교황의 권위에 진리를 직결시킬 때에만 보장될 수 있다. 이와 마찬가지로 판결의 구속력이 이 판결의 진리성에 의존하는 것으로 이해된다면, 법관의 결정에 법적 진리성을 직결시켜야만 한다. 이와는 반대로 진리와 구속력을 철저히 분리한다면, 정당성과 제도적 권위의 엄격한 분리도 가능해진다. 그리하여 실체적으로 잘못된 판결, 즉 오판은 제도적 결정권한에 근거하여 확정력과 구속력을 갖게 될 뿐, 결코 실질적 정당성까지 획득하게 되지는 않는다. 그 때문에 현대의 법적 사고는 구속력을 권한과 정확한 절차에 연결[95]시킬 뿐, 진리(정당성)에 연결시키지 않는다. 이를 통해 (실체적 확정력설처럼) 진리를 권위에 따른 결과로 선전하는 것을 포기할 수 있게 되었다.

95 이와 관련된 사회학적 사실에 대한 고전적 분석으로는 *Luhmann*, Legitimation durch Verfahren, 2. Aufl. 1975 참고. 정당성과 절차의 연관성의 사회학적 및 사회심리학적 차원에 대한 요약적 설명으로는 *Thomas Raiser*, Das lebende Recht, 1995, S. 237ff. 참고. 이와 관련된 규범적 측면에 대해 자세히는 *Neumann*, Materiale und prozedurale Gerechtigkeit im Strafverfahren, ZStW 101(1989), S. 52ff.와 *Saliger*, Radbruchsche Formel(각주 94), S. 58f. 참고.

그러나 정당성과 구속력을 이렇게 분리한다고 해서 모든 문제가 해결되지는 않는다. 왜냐하면 하나의 결정이 구속력을 갖는다는 주장은 결정의 정당성주장과 완전히 분리될 수는 없기 때문이다. 물론 판결이 실질적으로 완전히 부정당한 내용을 담고 있는 극단적인 경우에는 그러한 판결에 대해 구속력을 거부해야 한다. 그래야만 구속력과 정당성을 분리한다는 원칙이 결정의 대상인 당사자들의 관점에 따라 구속력 여부가 결정되는 역설에 봉착하지 않을 수 있다. 다른 한편 확정력을 갖는 오판의 구속력을 인정한다고 해서 이 오판으로부터 '오류'라는 오명을 떼어내는 것은 아니라는 사정도 감안해야 한다. 확정력을 갖는 오판은 여전히 오판일 뿐이며, 얼마든지 오류 또는 실질적 위법이라는 비판의 대상이 된다.

첫 번째 측면, 즉 판결이 노골적이고 명백히 오류인 경우 그 구속력을 파괴하는 것은 현저하게 오류인 결정은 무효가 된다는, 거의 일반적으로 승인되고 있는 가능성뿐만 아니라, 확정력을 갖고 종결된 재판에 대한 재심이라는 제도에서도 반영되어 있다.[96] 예를 들어 어떤 피고인이 법률에 규정되지 않는 제재 또는 심지어 명백히 배제되어

---

96 두 가지 문제영역 사이의 연관성에 대한 상세한 논의는 Saliger, Radbruchsche Formel(각주 94), S. 68ff. 참고.

있는 제재(기본법 제102조가 금지하고 있는 사형)를 선고받았다면, 그러한 결정은 처음부터 존속력을 갖지 못한다. 기본법이 효력을 갖는 상황에서 사형판결의 확정력이 상소를 제때에 제기해야만 차단될 수 있다거나 헌법소원을 통해 유예되어야 한다면 이는 참을 수 없는 상태가 될 것이다. 이 문제는, 프랑크 잘리거(Frank Saliger)가 밝히고 있듯이,[97] 극단적으로 부정당한 법률이 갖는 구속력의 한계에 대한 물음과 구조적으로 완전히 일치한다. 라드브루흐는 그와 같은 법률의 한계와 관련된 문제를 '정의에 대한 참을 수 없는 모순'이라는 기준을 가지고 대답하고자 했다. 이에 반해 *재심제도*는 독일 형사소송법상의 규정에 따르면 1차적으로 결정절차와 관련된 중대한 *소송상*의 결함에 초점을 맞춘다. 재심은 피고인에게 유리할 수도 있고 불리할 수도 있는데, 이 제도와 관련된 모든 상황에서 문제가 되는 것은 절차의 흠결이다. 즉, 증거방법으로 사용된 문서가 허위로 밝혀진 경우(형사소송법 제359조 1호, 제362조 1호), 증인 또는 감정인이 위증으로 처벌받은 경우(제359조 2호, 제362조 2호) 또는 재판에 참여한 법관이 직무의무를 위반하여 형사처벌을 받은 경우[제359조 3호(단 예외조항이 있다), 제362조 3호]에는 재심

97 Saliger, Radbruchsche Formel(각주 94), S. 54ff.

이 허용된다.

이와 같이 재심제도가 절차상의 하자에 집중되는 이유는 실질적으로 잘못된 판결도 구속력을 갖는다고 정당화할 때 구체적인 절차가 갖는 의미 때문이다. 판결의 실질적 정당성은 인간의 인식이라는 제한된 수단과 제한된 시간에 비추어 언제나 보장될 수 있는 것이 아니다. 그렇기 때문에 어쨌든 구체적인 절차에서 실질적으로 정당한 판결을 위해 투쟁한다는 관점이 판결의 구속력주장을 정당화하는 과제는 맡게 된다. 이 점에서 재심과 관련된 규칙들이 소송상의 하자에 집중하는 것은 절차를 통한 정당화라는 원칙에 상응한다.[98]

이에 반해 법원이 엄청난 법적 착오에 빠진 경우인데도 법적용의 오류 자체가 확정력을 파기하는 근거가 되지 못하고, 이 오판의 구속력을 유예하는 근거가 되지 못할지라도, 그 판결의 오류라는 사실 자체에는 변화가 없다. 결정이 원천 무효이거나 (주로 소송상의 하자에 따른) 재심가능성이 있는 예외적인 상황을 배제한다면, 판결의 정당성과 구속력의 분리는 실질적으로 오류인 결정의 존속력을 구출하는 것이 된다. 그러나 양자를 분리할지라도 - 적어도 실체법적 확정력설의 요술을 구사하지 않는 이상 -

98 이에 관해서는 앞의 각주 95 참고.

판결과 실질적 법상태 사이의 모순을 제거할 수는 없다. 결정과 이미 주어져 있다고 생각하는 법질서 사이의 일치는 입법권과 사법권을 분리하는 구조를 가진 법체계에서는 판결의 정당화와 관련하여 본질적인 의미를 갖고 있다. 판결이유에 표현된 정당성주장을 통해 스스로를 정당화하고자 하는 판결이 부정당하다면 이미 판결로서의 자격을 상실한다. 따라서 진리(정당성)를 통한 정당화는 비진리를 통한 탈정당화라는 높은 대가를 치러야 한다. 바로 이 점에서 진리를 통한 정당화가 안고 있는 구조적 결점이 드러난다. 다시 말해 권위를 통한 정당화와 비교해 볼 때, 진리를 통한 정당화는 개별사례와 관련되어 있고, 한 지점에 고정되어 있다. 법관제왕의 권위는 인정할 수도 있고 인정하지 않을 수도 있다. 만일 이를 인정하면 그의 결정은 그 자체로 구속력을 갖는다. 이에 반해 결정의 정당성이라는 사고에 기초한 법체계는 모든 개개의 결정을 정당화해야 한다. 이 점에서 진리이념은 법체계를 압박하고, 법체계가 비판에 노출되도록 만든다.

2. 비판적 잠재력으로서의 '진리'

a) 법학과 법실무

이 점은 법학과 법실무의 관계에 비추어 더 뚜렷하게 밝힐 수 있다. 역사법학파의 영향을 강하게 받은 독일어권 법문화에서는 도그마틱상의 쟁점에 대해 사법부가 아니라, 법학이 최종적인 결정을 내린다. "칼스루에(Karlsruhe - 연방법원과 연방헌법재판소 소재지)가 말하면, 사건은 끝난다"라는 말은 연방법원이든 연방헌법재판소든 어느 법원에도 해당되지 않는다. 물론 초국가적 법원의 관할이 별도로 성립하지 않는 한, 칼스루에에서 최종 판결이 내려지면 사법부가 처리하는 사건은 종결된다. 그렇지만 학문적인 법학도 한 자리를 차지하고 있는 전체 법체계에서 모든 문제는 사법부가 사건을 종결한 이후에 비로소 시작된다. 연방헌법재판소의 판결 또는 확정력을 갖는 상고심 판결은 판례평석, 주석서, 잡지의 논문, 단행본 등을 통해 법학적 비판의 대상이 된다. 왜냐하면 '정당한' 결정이라는 주장은 법실무가 사실상 진리를 주장하는 것이고, 이 주장에 대한 평가는 1차적으로 법학이 담당할 일이라고 느낀다. 법학교육에서도 '진정한' 법상태가 결코 최고법원의 판례와 일치한다고 가르치지 않는다. 물론 사법부가 법학의 비판에 따라 판례를 변경할 것인지 여부는 전적으로 사법부의 몫이다. 아무튼 연방법원의 판결실무와 관련하여 법학의 비판에 따라 판례를 변경한 몇몇 커다란 사건들이 있다.[99] 연방법원이 학계의 비판을 따르지 않는 경우에도, 연방법원은 커다란 쟁점과 관련해서는 학계의 논거들을 반박하고 자신의 논거를 설명하는 방식을 취한다. 학문과 실무 사이에서 이루어지는 이러한 논의는 법적 결정의 정당화를 이해하는 방식이 같기 때문이다. 즉, 법원의 결정에 대해 근거를 제시할 의무를 성문화함으로써 결정은 논거에 비추어 실질적으로 정당한 것으로 입증되어야 한다는 사실을 인정한 것이다. 이러한 제도적 인정과 함께 법도그마틱을 법적 결정에 대한 평가기관으로 인정함으로써 사법부는 법학을 통한 통제 아래 놓이게 된다. 학문의 이념 전반이 그렇듯이 법학의 이념 또한 민주주의적 요소를 갖고 있다. 즉, 정당한 법적 인식에 도달

99 예컨대 경찰이 법률규정(형사소송법 제136조 제1항 2문)에 반하여 피의자에게 진술거부권을 고지하지 않고 이루어진 피의자진술이 소송에서 증거가 될 수 있는가에 대한 문제가 그렇다. BGHSt 38, 214는 그 이전의 판결(BGHSt 31, 395)을 뒤엎고 진술거부권의 고지가 없는 상태에서 이루어진 피의자진술의 증거능력을 부정하면서, 담당 합의부는 "오늘날 법학문헌에서 압도적으로 지배하는 견해"에 따랐음을 명시적으로 밝히고 있다.

하는 데에는 직위나 특권이 아니라, 신분에 관계없이 지적 능력만이 필요할 뿐이다. 법관의 결정이 제기하는 진리주장 및 정당성주장은 제도적 권능을 평준화하는 결과를 낳는다. 법과대학 2학기에 재학 중인 페터 뮐러와 페트라 마이어는 연방법원의 판결을 비판하면서 얼마든지 연방법원보다 더 좋은 근거를 갖고 있을 수 있다.

이를 뒤집어 말하면, 학문적인 법학은 결정이 전적으로 법관의 제도적 권한에 기초하는 바로 그 지점에서 권리를 상실한다는 뜻이다. 판결을 인식활동으로 해석하는 것과 의지활동으로 해석하는 것을 구별한 한스 켈젠(Hans Kelsen)보다 이 점을 명확하게 분석한 사람은 없다.[100] 켈젠에 따르면, 판결은 일반규범으로부터 논리적 결론을 도출하는 인식활동으로 볼 수 없다. 즉 규범에 대한 순수한 재생산적 해석만으로는 판결을 도출할 수 없다는 것이다. 오히려 다수의 가능한 규범해석들 가운데 어느 하나를 선택하는 결정을 내리는 의지활동을 반드시 필요로 한다고 한다. 그렇기 때문에 '인식적' 해석은 의지활동을 통해 충

100 *Kelsen*, Reine Rechtslehre, 2. Aufl. 1960, S. 350ff. 이에 관해서는 *Horst Dreier*, Rechtslehre, Staatssoziologie und Demokratietheorie bei Hans Kelsen, 2. Aufl. 1990, S. 145ff.; *Lippold*, Reine Rechtslehre und Strafrechtsdoktrin, 1989, S. 150ff. 참고.

족되어야 하는 일정한 여지와 범위를 밝혀줄 수 있을 뿐이다. "법기관이 법을 적용할 때에는 적용해야 할 법에 대한 인식적 해석과 법적용기관이 인식적 해석을 통해 밝혀진 여러 가지 가능성들 가운데 하나를 선택하는 의지활동이 서로 결합한다."[101]

인식활동과 의지활동, 즉 법원이나 행정기관이 내리는 개개의 결정에 내재하는 인식적 요소와 의지적 요소에 관한 이러한 구별은 법원과 행정기관을 통한 법률의 '해석'과 법학을 통한 '해석'을 엄격히 구별하는 결과를 낳는다. 즉, 법학의 해석은 '법규범의 의미에 대한 순수한 인식적 확인'(S. 352)으로서 법률에 따른 결정의 범위를 확인하는 데 국한된다. 따라서 법학은 "하나의 규범이 갖고 있는 가능한 의미들 이외에는 다른 것을 밝힐 수 없다."(S. 353) 인식활동을 통해 확인된 결정의 범위는 오로지 의지활동을 통해 채워지며, 권한을 가진 제도의 대표자만이 그러한 의지활동을 담당하며, 법학은 그와 같은 권한을 갖고 있지 않다. 켈젠은 이러한 의지활동에 대해서도 '해석'이라는 개념을 사용한다. 즉, 법적용기관을 통한 '진정해석(authentische Interpretation)'이라고 표현한다. 이 '해석'은 법학적 해석과는 달리 법을 구성하는 의미를 갖고

---

101 *Kelsen*, Reine Rechtslehre(각주 100), S. 351.

있으며, 이 해석이 "법을 창조한다."(S. 351)

법관의 판결에 내재하는 인식적 요소와 의지적 요소 사이의 경계를 설정하게 되면, 법학적 비판이 관할하는 영역과 관할이 없는 영역에 대한 결정이 이루어진다. 물론 그 경계선이 정확히 어디인지 그리고 누가 그 경계선을 확인할 권한을 갖는지는 여전히 불확실하다.[102] 하지만 법학의 해석이 유일하게 정당한 결정이라는 모델에서 의미하는 결정을 완벽하게 규정하여, 의지적 요소가 개입할 여지를 완전히 없애버리는 것은 불가능하다는 점만은 확실하다. 이 점에서 켈젠은 법학적 해석이 "하나의 법규범이 언제나 단 하나의 '정당한' 해석만을 허용한다는 식의 허구를 피하도록 최대한 주의를 기울여야 한다"(S. 353) 고 말한다. 그러나 이와 같이 법관의 결정에 내재하는 인식적 요소와 의지적 요소를 확실하게 구별한 결과 켈젠의 순수법학은 법실무를 비판하는 법학의 관할권을 엄청나게 축소시키게 되며, 일반규범이 열어 놓고 있는 결정의 여지 내에서 법학이 표방하는 특정한 입장은 법정책적 제

102 호르스트 드라이어(Horst Dreier)는 "허용되는 해석제안들과 허용되지 않는 해석제안들을 구별해주는 해석범위라는 사고는 유일하게 정당한 결정이라는 테제만큼이나 견지하기 어려운 사고이다"라고 적절하게 지적하고 있다[Horst Dreier, Rechtslehre([각주 100), S. 149 각주 344].

안에 불과하게 된다.[103]

그렇다면 학문적 판례비판에 대한 법학의 요구를 이와 같이 극단적으로 축소시키는 것은 사실상 유일하게 정당한 결정이라는 테제가 법이론적으로 결코 타당하지 않는다는 통찰에 따른 필연적 결론인 것일까? 나는 그렇지 않다고 생각한다. 왜냐하면 법관의 결정이 인식활동에서 끝나지 않는다는 것을 명확하게 밝혔다는 점에서는 얼마든지 환영할 수 있지만, 이로부터 법학의 비판가능성을 제한해야 한다는 결론이 도출되지는 않기 때문이다. 특히 법학의 비판은 법관이 일반규범이 열어 놓고 있는 범위 내에서 내린 결정 자체를 대상으로 삼는 것이 아니라, 이 결정을 정당화하는 근거를 대상으로 삼는다는 사실을 고려해야 한다. 따라서 오로지 자신에게 부여된 법적 권한만을 '근거'로 내세우는 법관의 결정에 대해서는 사실상 비판이 불가능하다(또는 결정을 내릴 수 있는 범위의 경계를 벗어났다는 비판 정도만이 가능하다). "내가 그렇게 말하기 때문에 옳다"라는 논거에 대해서는 학문적으로 반론을 제기할 수 없다. 그러나 그런 식의 논거는 법치국가적 구조를 가진 민주주의에서는 결코 자신의 결정에 대한 법관의 근거제시를 대변하지 않는다. 법치국가에서 결

103 *Kelsen*, Reine Rechtslehre(각주 100), S. 353.

정에 대한 근거제시는 내려진 결정이 법체계의 기준에 부합하고, 그런 의미에서 정당하다는 점을 입증하는 것을 목표로 삼는다. 그와 같은 입증을 위해 논거를 제시하고, 그 논거들을 합리적으로 납득할 수 있다는 주장을 제기하는 것이다. 그렇기 때문에 학문적 법학이 그와 같은 논거들 및 이 논거들에 근거하여 이루어진 결정에 대해 비판적 태도를 취하지 못하도록 해야 할 하등의 이유가 없다. 따라서 정당성주장을 제기하는 사법부는 이러한 정당성주장을 판단하는 전문적 능력을 갖고 있는 사람들의 비판 앞에 서게 된다.

법원의 판결이 결정을 더욱 섬세하게 정당화하려고 시도하면 할수록 더 많은 비판을 받게 되는 것 또한 근거제시와 비판 사이의 이러한 연관성에 따른 결과이다. "내가 원하기 때문에 그렇게 명령한다(sic volo, sic iubeo)"는 법학적 비판의 여지를 남겨두지 않는다. 이와는 반대로 유일하게 정당한 결정이라는 규제이념을 전제한다면, 결정에 대해 완벽하게 합리적인 근거제시가 가능하다는 주장은 법관의 판결에 대해 아무런 제한도 받지 않고 비판을 가할 수 있는 전제이다.

b) 행정과 행정법원

유일하게 정당한 결정이라는 이념은 잘 알려져 있듯이 특히 불확정 법개념의 해석과 관련하여 행정관청의 결정에 대한 행정법원의 통제의 한계를 둘러싼 논쟁에서 중요한 역할을 한다. 법원의 포괄적 통제를 주장하는 학자들은 어떠한 경우든 단 하나의 결정만이 정당할 수 있고, 다른 결정들은 잘못된 결정이라고 생각하는 반면, 이에 반대하는 학자들은 예컨대 '청소년위해 적합성'과 같은 불확정 법개념들과 관련해서는 상이한 결정들이 모두 납득할 수 있는 결정이 되는 경우가 있다는 사실을 지적한다.[104] 연방행정법원이 한 원칙판결(Grundsatzurteil)을 통해 '청소년위해 적합성'과 같은 개념을 적용할 때에 단 하나의 정당한 결정만이 가능하다는 생각은 '허구'에 불과하다고 판시[105]했음에도 논쟁은 그치지 않고 있다.[106] 입법자가 불확정 법개념을 사용할 때에도 단 하나의 정당한 결정을 의도했다고 주장하는 경우도

---

104 논의상황에 관해서는 *Bleckmann*, Spielraum der Gesetzesauslegung und Verfassungsrecht, JZ 1995, S. 685ff. 참고.

105 BVerwGE 39, 197. 이 판결에 관해서는 *Bleckmann* JZ 1995, S. 685 참고.

106 이 논쟁에 대해서는 무엇보다 *Maurer*, Allgemeines Verwaltungsrecht, 14. Aufl. 2002, § 7 Rn. 35 참고.

있지만,[107] 이에 대해서는 입법자의 의도만으로 행정법원의 무제한적 심사권한이 정당화되는 것은 아니라는 반론을 제기할 수 있다. 왜냐하면 행정관청이 특정한 결정을 내리는 것(따라서 서로 합치할 수 없는 여러 결정들 모두를 합법으로 선언하지 않는 것)만으로 이미 입법자의 의도에 부합하기 때문이다. 입법자의 의도를 기준으로 삼는다면, 결정적인 물음은 과연 입법자가 다수의 가능한 결정들 가운데 특*정한* 결정 하나만을 의도했는가이다. 만일 이 물음에 대해 긍정적으로 대답할 수 없다면, - 입법자의 의사를 고려하는 한 - 다수의 결정들 모두가 납득할 수 있는 대안들이 된다. 단순한 2항원칙은 설령 이 원칙을 입법자의 의도라는 차원으로 옮겨 놓고 해석할지라도 결코 유일하게 정당한 결정이라는 전제를 떠받치는 초석이 되지 못한다.

c) 사법 내부의 정당성통제: '정당성' 대 '납득가능성'

법실무와 법학의 관계에 해당되는 내용은 심급이 다른 법원들 상호간의 관계에도 그대로 해당된다. 즉, 상고심법관은 법철학적으로 볼 때 필연적으로 유일하게 정당한 결정이라는 테제를 주장하는 사람일 수밖에 없

---

107 이 논거는 *Bleckmann*, JZ 1995, S. 685에 언급되어 있다.

다. 적어도 상고심법관이 법률문제에 대해 아무런 제한을 받지 않고 심사할 권한이 있다는 사실을 고수하는 한 그렇다. 따라서 상고심법원은 지금까지 확실하게 밝혀지지 않는 법률문제에 대한 결정을 내리는 경우에조차도 전심이 '잘못된' 판결을 내렸다고 말할 수 있고, 이는 너무나도 당연하다.[108] 최근 들어 법률문제에 대해 상고심이 무제한적으로 심사할 수 있는 권한을 반박하면서, 불확정 법개념을 적용할 경우 경계영역에서는 '옳다', '그르다'라고 판단할 수 없다는 논거[109]를 제시하고 있음에 주목할 필요가 있다. 왜냐하면 판결은 상고심에서 오로지 오류이기 때문에 파기될 수 있을 뿐, 결코 전심의 납득할 수 있는 해결방법에 비해 상고심이 다른 납득할 수 있는 해결방법을 선호한다는 근거로 파기될 수는 없기 때문이다.

다른 한편 법이론적 통찰과 제도적 관점 사이의 관계와 관련하여 법률문제에 대한 상고심의 심사가능성이 궁극적으로는 "누가 법률적용에 비추어 최종적으로 구속력을 갖는 결정을 내려야 하는가"의 문제일 뿐이라는 이유[110]로

108 *Röhl*, Fehler in Gerichtsentscheidungen, in: Die Verwaltung, Beiheft 5(2002), S. 67, 74.

109 *Maatz/Wahl*, in: Festschrift aus Anlass des 50-jährigen Bestehens von Bundesgerichtshof, Bundesanwaltschaft und Rechtsanwaltschaft beim Bundesgerichtshof, 2000, S. 531, 551.

110 *Tolksdorf*, Revision und tatrichterlicher Beurteilungsspielraum bei

앞에서 전개한 논증에 반론을 제기하고 있다는 점에도 주목할 필요가 있다. 실제로 상고법원의 심사가능성의 범위를 법이론적 통찰에 따라 정하게 되면, 상고심의 활동 상당부분이 마비되는 상황이 올 수 있다. 왜냐하면 서로 경합하는 법률해석들 가운데 법이론의 관점에서 '옳다', '그르다'의 범주에 따라 명확하게 구별할 수는 없다는 사정은 불확정 법개념의 한계영역에만 해당되는 것은 아니기 때문이다. 오히려 결정적인 물음은 어떠한 제도적 맥락에서 이러한 법이론적 통찰을 따라야 하며 또한 어떠한 맥락에서 유일하게 정당한 결정이라는 규제이념이 행위지침이 되어야 하는가이다.

제도적으로 볼 때, 유일하게 정당한 결정이라는 이념에 상응하여 이러한 결정에 대한 완벽한 심사가능성이라는 원칙을 정립하게 된다. 이에 반해 결정에 대한 제한적인 심사가능성이라고 하는, 법체계에서 부분적으로 실행되고 있는 원칙은 적어도 특정한 결정상황에서는 설령 이상적인 결정조건, 즉 헤라클레스가 법관인 조건 아래에서도 서로 합치할 수 없는 다수의 결정들 가운데 어느 하나만을 유일하게 정당한 결정으로 입증할 수는 없다는 사

---

der Gesetzesanwendung, in: Strafverfahrensrecht in Theorie und Praxis. Festschrift für Lutz Meyer-Goßner zum 65. Geburtstag, 2001, S. 523, 531.

고에 기초한다. 이러한 사고에 따른다면 (절대적) 정당성이라는 개념은 납득가능성(Vertretbarkeit)이라는 개념으로 대체된다.[111] 이와 관련된 대표적인 보기로는 행정법상의 판단여지와 재량에 관한 포괄적인 문제영역 - 이에 대해서는 별도의 연구가 필요할 것이다 - 이외에도 일반법원의 판결을 통한 기본권침해에 대한 연방헌법재판소의 판결[112]을 들 수 있다. 이 판결에 따르면 헌법소원의 대상이 된 판결이 납득할 수 없는 법적 견해에 기초한 경우에만 인정할 수 있다고 한다.[113] 연방헌법재판소는 평등원칙(기본법 제3조 제1항)에 근거한 자의금지에 초점을 맞추면서, 판결을 결코 이해할 수 없고, 따라서 실질과는 전

111 법적 사고에서 '납득가능성'이라는 개념의 의미에 관해서는 *Gröschner*, Dialogik und Jurisprudenz, 1982, S. 179ff.; *Lege*, Pragmatismus und Jurisprudenz, 1999, S. 578ff.; *Lorenz Schulz*, Normiertes Misstrauen(각주 7), S. 223ff. 참고.

112 이에 관한 포괄적인 서술로는 *Düwel*, Kontrollbefugnisse des Bundesverfassungsgerichts bei Verfassungsbeschwerden gegen gerichtliche Entscheidungen, 2000 참고. 또한 *v. Lindeiner*, Willkür im Rechtsstaat?, 2002, S. 43ff.; *Pieroth/Aubel*, Die Rechtsprechung des Bundesverfassungsgerichts zu den Grenzen richterlicher Entscheidungsfindung, JZ 2003, S. 504ff.; *Weiß*, Objektive Willkür: zu einem Prüfungskriterium im Verfahren der Urteilsverfassungsbeschwerde, 2000도 참고.

113 이에 관해서는 예컨대 BVerfGE 42, 64, 74; 56, 99, 107; 82, 6, 13; 85, 248, 275f.; 96, 375, 395. 관련된 문헌은 *Röhl*, Fehler(각주 108), S. 9의 각주 40; *v. Lindeiner*(각주 112), S. 43ff.; *Düwel*(각주 112), S. 167ff.; *Pieroth/Aubel*(각주 112) 참고.

혀 관계없는 고려에 기초하고 있다는 결론을 내릴 수밖에 없다면 그러한 판결은 평등원칙을 침해한다고 전제한다 (BVerfGE 4, 1, 7). 이 판결에서 - 오해의 여지가 있는 표현방식과는 반대로 - 객관적 납득가능성은 자의금지 위반의 근거가 되는, 법관의 잘못된 동기가 존재한다는 징표로서 의미를 갖지 않는다. 오히려 객관적 납득가능성 자체가 자의금지 위반에 대한 결정적 기준이다.[114] 연방헌법재판소는 일반법원의 법적 견해를 '옳다', '그르다'라는 기준이 아니라, '납득할 수 있다', '납득할 수 없다'라는 기준에 비추어 평가함으로써 법원심급상 상위에 있는 법관의 역할이 아니라, 우호적인 심사자의 역할을 떠맡는다.

한 법원이 다른 법원의 결정을 옳다 또는 그르다가 아니라, 납득할 수 있다 또는 납득할 수 없다고 평가하는 제도적 연관성과 관련된 또 다른 보기는 법왜곡죄(Rechtsbeugung) 구성요건(형법 제339조)이다. 유일하게 정당한 결정에 관한 이론을 기초로 삼으면 유일하게 정당하다고 여겨지는 결정으로부터 벗어난 결정은 모두 *객관적*으로는 '법의 왜곡'으로 해석해야 하고, 그러한 결정을 제대로 인식하지 못한 평범한 법관('허버트')의 무능력은

114 이에 관해서는 *Röhl*, Fehler(각주 108), S. 79와 *Weiß*, Objektive Willkür(각주 112), S. 80 참고.

주관적 가벌성요건, 특히 고의의 영역에서 비로소 고려의 대상이 된다고 생각해야 한다. 하지만 지배적인 견해는 법왜곡죄를 이와는 전혀 다르게 취급한다. 즉, 이미 객관적 구성요건의 단계에서 유일하게 정당한 결정에 관한 이론의 의미로 이해되는 판결의 부정당성이 아니라, 납득가능성에 초점을 맞춘다.[115] 이는 법왜곡죄와 관련하여 사실상 유일하게 적절한 관점이다. 법원심급에서 판결을 수정하는 문제가 아니라, 법관이 내린 결정에 대한 법관의 형법적 책임이 문제가 되는 한, 사실상 여러 결정들이 납득가능하다는 점을 감안해야 한다. 만일 이 문제와 관련해서도 유일하게 정당한 결정이라는 이상을 고집하게 되면, 결국에는 하나의 허구를 근거로[116] 법관에게 객관적으로 가벌성 있는 행동을 했다고 비난하는 결론에 도달하고 말 것이다.

115 이에 관해서는 *Röhl*, Fehler(각주 108), S. 94ff.; *Lorenz Schulz*, Normiertes Misstrauen(각주 7), S. 248 참고.

116 법왜곡죄의 문제는 1심법원에서 결정을 내리는 법관의 행위지침에 관한 것도 아니고 법원심급을 통한 수정에 관한 것도 아니기 때문에, 이 문제와 관련하여 유일하게 정당한 결정이라는 테제를 규제이념으로 해석할 여지가 전혀 없다. 오히려 법왜곡죄의 문제를 유일하게 정당한 결정이라는 테제와 결부시키려면, 이 테제는 존재론적 사실이라는 의미로 이해하지 않을 수 없고, 그러한 이해는 당연히 인식론적으로 타당하지 않다(이에 관해서는 앞의 69면 이하 참고).

3. 법에서 진리주장의 제도화 문제

이제 법적 사고에서 '진리'가 갖는 기능에 대한 물음에 관해 중간결산을 할 때가 왔다. 중간결산의 내용은 이렇다. 즉, 진리이념은 법원의 결정으로 하여금 법학의 비판과 사법부 내부에서의 심사를 가능하게 해준다. 따라서 진리이념은 한편에서는 법체계의 일관성에, 다른 한편에서는 법체계의 발전가능성에 기여한다고 말할 수 있다. 이와는 달리 결정에 대한 비판가능성을 제한해야 하는 경우에는 정당성이라는 개념 대신에 납득가능성이라는 개념을 사용하게 된다. 법체계가 어떠한 이유에서 그리고 어떠한 일반적 기준에 비추어 하나의 결정에 대해 때로는 이상적인 고찰방식을 취하고, 때로는 현실적인 고찰방식을 취하는가라는 물음은 바로 이러한 사정에 연결되어 있다.

a) '내재적'관점과 '외재적' 관점

이 물음과 관련하여 나의 추측으로는 결정에 대한 *내재적* 관점과 *외재적* 관점의 차이가 중요한 것 같다. 여기서 '내재적' 및 '외재적'이라는 개념은 이에 관한 통상의 구별[117]과 비교해 볼 때, 훨씬 더 좁은 특수한 의미로 이해해야 한다. 즉, 양자의 구별은 판결을 통해 하나의 사안에 대해 결정을 내리는지, 다시 말해 그러한 판결을 '생산'하는지 아니면 이 판결의 정확성 및 이 판결을 내릴 책임을 부담하고 있는 사람의 행위에 대한 평가인지에 따라 이루어진다. 결정을 관할하는 결정체계(행정 또는 법원의 심급) 내부의 영역에서 정당한 결정을 추구하는 한, 유일하게 정당한 결정이라는 원칙은 타당성을 갖는다. 정당한 결정에 대한 추구가 - 보통은 결정이 확정력을 갖게 됨으로써 - 종료했다면, 이제는 더 이상 결정을 최적화하는 문제가 아니라, 오류를 발견하는 작업이 중요하게 된다. 이 단계에서는 유일하게 정당한 결정이라는 원칙과는 다른 기준이 타당성을 갖는다. 예를 들어 연방헌법재판소에서의 절차나 법왜곡을 이유로 행해지는 형사소송이 그와 같은 단계에 해당한다. 이 단계에서 적용되는 기준들은 얼마든지 각 경우에 따라 다를 수 있다. 하지만 이 기준들은 (절대적) 정당성이 아니라, 결정의 납득가능성을 지향한다는 점에서는 공통점을 갖고 있다('납득가능성'을 어떤 식으로 구체화할 것인지는 별개의 문제이다). 이 점은 당연히 심사절차에서 제출되는, 법상태

117 이 구별과 관련된 기초적인 서술로는 *Hart*, Der Begriff des Rechts, 1973, S. 84ff. 참고.

에 대한 소견서에도 해당된다.

행정법에서 (민사법원과 형사법원의) 법*적용*관할과 (행정법원의) 법통제관할을 구별하는 것[118]과 비슷한 이 내재적/외재적 관점의 구별이 과연 타당한 것인지 여부와는 별개로 유일하게 정당한 결정이라는 규제이념의 지배영역과 상이한 법적 견해들이 사실상 납득가능성이 있다는 통찰이 지배하는 영역 사이의 경계선은 법이론적 고려에 의해서가 아니라, 제도적 기준에 의해 설정된다. 즉, 이와 관련하여 중요한 것은 법체계의 필요이지, 법학의 인식이 아니다. 간단히 말해서, 법에서 진리가 갖는 기능에 대한 물음은 진리의 기능화(Funktionalisierung)라는 사정에 비추어 대답해야 할 물음이다.

물론 이와 같이 하나의 법이론적 문제를 도구적 관점에서 이해하게 되면, 과연 그런 식의 이해가 정당한 것인지를 다시 묻게 된다. 다시 말해 유일하게 정당한 결정이라는 규제이념이 일정한 경계선을 넘게 되면 나쁜 의미의 허구로 전락한다고 말할 수 있게 해주는 경계선이 있는지를 묻게 된다. 나는 그러한 경계선이 있다고 믿는다. 즉, 유일하게 정당한 결정을 원용하는 것이 헌법적으로 보장

118 이에 관해서는 *Ule*, JZ 1972, S. 208. 여기서 울레는 한스-율리우스 볼프(H.-J. Wolff)를 인용한다.

된 시민의 자유권을 축소시킨다면, 이 이념은 나쁜 허구로 전락한다. 이 점에 대해서는 두 가지 보기를 들어 설명하겠다.

b) 보기 1: 유동적 관할권과 법률이 정한 법관

첫 번째 보기는 법원조직법 제24조 제1항 3호에 해당하는 경우 법원의 '유동적 관할권'이 인정된다는, 잘 알려져 있는 문제이다. 이 경우 형사소송에 관한 구법원(Amtsgericht)의 관할은 "검찰이 사건이 갖는 특수한 의미를 이유로 지방법원(Landgericht)에 공소를 제기한 경우"가 아니라는 전제조건이 충족되어야 한다. 이와 관련하여 연방헌법재판소는 법률이 정한 법관(기본법 제101조 2문)의 원칙에 위반되지 않는다고 판결했다.[119] 즉, 사건이 특수한 의미를 갖는 경우 검찰은 반드시 지방법원에 공소를 제기해야만 하고, 그 이외의 모든 경우에는 구법원에 제기해야만 한다는 것이다. 그렇기 때문에 오로지 하나의 결정만이 정당하고, 따라서 법률의 일반규정을 통해 관할법원을 사전에 완벽하게 확정한다는 원칙을 충족

119 BVerfGE 9, 223. 또한 BVerfG JR 1997, 278(*Berkemann*과 *Katholnigg*의 평석)도 참고.

했다고 보았다. 그러나 연방헌법재판소의 이 판결은 설득력이 없다.[120] 왜냐하면 형사사건이 갖는 '특수한 의미'는 매우 모호한 개념이어서 다수의 사례에서 검찰이 상이한 결정을 내릴 수 있다는 사실은 결코 의문의 대상이 될 수 없기 때문이다. '특수한 의미'라는 개념에는 서술적 요소가 없기 때문에, 법원조직법 제24조 제1항 3호의 요건이 존재하는지 여부는 전적으로 가치평가의 문제이다. 비록 판례가 그 사이에 '특수한 의미'가 있는 사건이라고 볼 수 있는 여러 가지 징표들을 발전시키긴 했지만, 그렇더라도 구법원과 지방법원 가운데 어느 것을 선택할 것인지는 여전히 검찰의 재량에 맡겨져 있다는 사실에는 변함이 없다. 그렇기 때문에 사법기본권의 준수와 관련된 헌법적 문제점을 유일하게 정당한 결정이라는 허구를 통해 해결하는 것은 결코 만족스럽지 못하다.

c) 보기 2: 판례변경의 소급효

두 번째 보기는 형사법원 판례변경의 소급효에 관한 문제이다. 즉, 상고심의 기존 판례가 범행 이후에

120 판결에 대한 비판으로는 예컨대 *F. Herzog*, StV 1993, 612 참고. 헤르촉은 법원조직법 제24조 제1항 3호 자체가 위헌이라고 본다.

피고인에게 불리하게 변경되었다면, 과연 더 엄격한 방향으로 변경된 법적 견해를 재판의 기초로 삼을 수 있는가라는 물음이 제기된다. 이 물음은 특히 피고인의 행위가 행위시점에서 '효력을 갖고 있던' 판례에 따르면 가벌성이 없는 반면, 법원의 새로운 법적 견해에 따르면 범죄구성요건을 실현하는 경우에는 매우 중요한 의미를 갖는다. 이와 관련된 가장 고전적인 사례는 형법 제315c조, 제316조에서 말하는 이른바 '절대적' 운전불능의 혈중알코올농도 한계치를 수차례에 걸쳐 낮춘 연방법원의 판결이다.[121] 판례와 대다수 학설은 그와 같은 소급적 판례변경이 허용된다고 본다.[122] 이 맥락에서 유일하게 정당한 결정이라는 테제는 형사법원 판례변경의 소급효가 기본법 제103조 제2항의 소급효금지와 충돌하는 것을 배제하는 데 이용된다. 즉, 판례변경을 통해 비로소 인식하게 된 법상태는 실제로는 이미 그 이전부터 존재하고 있었던 올바른 법상

---

121 BGHSt 21, 157(혈중알코올농도 기준치를 0.0015%에서 0.0013%로 낮춤); BGHSt 37, 89(혈중알코올농도 기준치를 0.0013%에서 0.0011%로 낮춤).

122 관련문헌 - 반대견해 포함 - 은 *Hettnger/Engländer*, Täterbelastende Rechtsprechungsänderungen im Strafrecht, in: Strafverfahrensrecht in Theorie und Praxis. Festschrift für Lutz Meyer-Goßner, 2001, S. 145; *Neumann*, Rückwirkungsverbot bei belastenden Rechtsprechungsänderungen der Strafgerichte?, ZStW 103(1991), S. 331, S. 332. 참고.

태이기 때문에 소급효문제가 발생하지 않는다는 논거를 내세운다.[123]

그러나 그런 식으로 소급효금지라는 헌법적 원칙을 무력화시킬 수는 없다. 왜냐하면 변경된 새로운 판례가 주장하는 법적 견해가 이미 그 이전부터 법률의 내용으로 숨겨져 있었지만, 연방법원이 오랫동안 그것을 간과했었고 새로운 판결을 통해 마치 고고학적 유물처럼 비로소 발굴했다고 가정하는 것은 명백한 허구이기 때문이다. 최고법원의 판례가 규칙을 제정하는 기능을 갖고 있다는 점에 대해서는 오늘날 어느 누구도 반박하지 않는다.[124] 연방법원 제9 민사합의부 판결(BGH NJW 2001, 146)에서는 특정한 시점의 최고법원 판례는 그 시점의 법상태에 속한다고 확인함으로써 이러한 사정을 감안하고 있다. 이러한 통찰은 유일하게 정당한 결정이라는 '규제이념'을 원용하는 것에 모순되지 않는다. 왜냐하면 이 규제이념은 법관의 판결활동과 관련된 특수한 행위기준 및 결정조건에 상응하는 것이기 때문이다. 하지만 이 이념을 당사자에게 불리하게, 즉 형법적 개입의 영역에서는 판결활동

---

123 *Tröndle*, Leipziger Kommentar, 10. Aufl. 1978, § 2 Rn. 18(*Gribbohm*, LK, 11. Aufl. 1992, § 2 Rn. 38 역시 실질적으로 같은 입장이다).

124 이에 관한 포괄적인 분석으로는 Reinhardt, Konsistente Jurisdiktion, 1997, § 6(S. 409ff.) 참고.

의 대상에 불리하게 원용할 수는 없다. 그렇게 되면 당사자는 판결활동의 피해자가 되고 만다. 다시 말해, 1심법원의 법관 또는 항소심이나 상고심 법관은 *마치* 단 하나의 결정만이 정당한 것처럼 재판을 해야 한다. 그것이 유일하게 정당한 결정이라는 규제이념이 갖고 있는 의미이다. 하지만 시민에게는 이러한 기준이 적용되지 않는다. 왜냐하면 시민이 결정의 주체는 아니기 때문이다. 시민들에게 대해 그들이 잠재적 당사자가 될 수 있기 때문에 일정한 행동을 하면서 장래에 있을지도 모들 모든 판례변경까지 고려하라고 요구하는 것은 기본권으로 보장된 시민의 행위자유를 엄청나게 제한하는 결과를 낳게 될 것이다.

판례변경에 관련된 내용은 최고법원을 통해 아직 해결되지 않은 법률문제에도 그대로 해당된다. 상고법원이 여러 개의 가능한 법률해석 가운데 어느 하나를 선택하는 결정을 내리지 않았다면, 법체계 내에 규율상의 결함이 존재하는 것이고, 이러한 결함을 시민에게 불리하게 소급적으로 보충해서는 안 된다. 이런 이유에서 "최고법원의 결정 이전에 시민의 행위가 납득할 수 있는 법률해석의 범위 내에 있었다면, 그러한 행위는 위법하다고 볼 수 없다"는 헌법적 결론을 도출하기도 한다.[125] 특히 형법에서

125 *Bleckmann*, Spielraum der Gesetzesauslegung und Verfassungsrecht,

는 법질서가 시민들이 행동한 시점에서 법적 행위범위에 대한 명확한 지침을 제시하지 않았다가 사후적으로 형법적 금지를 위반했다고 확인하는 것은 참을 수 없는 일이다. 이와 같은 경우에 대해 오늘날 주로 사용되는 방법은 회피불가능한 금지착오(형법 제17조 1문)를 원용하는 것인데, 이는 결코 만족할만한 해결책이 아니다. 왜냐하면 이 방법은 실제로는 법질서의 규율상의 결함이 문제인데도 마치 시민들이 갖고 있는 정보에 결함이 있었다는 식으로 해석하여 문제의 본질을 전도시키기 때문이다. 형법 제17조를 통해 주관적 귀속의 영역에서 법의 객관적 불확실성을 보충하는 절차[126]는 시민에게는 예측할 수 없는 위법성판단이라는 위험을 부담시키고, 더욱이 그러한 위법성판단의 소급효는 법적으로 다툼이 있는 문제에 대한 구속력 있는 결정이 단지 이미 주어져 있는 법상태에 대한 올바른 인식의 문제인 것처럼 포장하는 허구에 기초하고 있다.

이로부터 어떠한 결론이 도출되는 것일까? 유일하게 정당한 결정이라는 이론이 안고 있는 허구적 성격에 대한

JZ 1995, S. 685, 687.하지만 블렉만은 이와는 반대되는 헌법적 관점을 감안하여 이 결론 자체를 옹호하지는 않는다.

126 이에 관해서는 *Naucke*, Über Generalklauseln und Rechtsanwendung im Strafrecht, 1973, S. 24 참고.

법이론적 통찰에 따른 헌법적 결론으로 고려되는[127] 해결 방법, 즉 판례변경의 경우든 아니면 법체계의 규율상의 결함의 경우든 개인의 행동범위에 대해 새롭게 설정한 한계는 소급효에 해당하지 않는다는 해결책은 특히 소송기술의 측면에서 커다란 문제가 있다. 형사소송을 보기로 들어보자. '행위자(즉, 판례가 변경되기 이전에는 형벌구성요건을 충족하지 않았던 행동이 판례변경에 따라 이제는 형벌구성요건에 포섭되게 되는 행동을 한 자)'에게 불리하게 판례변경이 이루어졌는데도 새로운 판례의 소급효를 감인하지 않는다면, 현행법상 공소 및 법정절차의 수행이 봉쇄될 것이다. 왜냐하면 공소제기는 유죄판결의 개연성과 법적 가능성을 전제하기 때문이다.[128] 소송법은 새로운 법적 규칙의 정립과 관련하여 특수한 절차를 규정하고 있지 않다. 왜냐하면 법원의 내재적 관점에서 볼 때, 소송은 규칙을 제정하는 절차가 아니라, 주어져 있는 규칙을 올바르게 인식하는 절차이기 때문이다. 그래서도 법원의 활동은 유일하게 정당한 결정이라는 규제이념의 지배하에 놓인다. 이러한 관점에서 볼 때, '더 정확한 법인

127 앞의 각주 125 참고.

128 이에 관해서는 *Tröndle*, Rückwirkungsverbot bei Rechtsprechungswandel?, Dreher-FS 1977, S. 117ff. 참고. 행정소송에서 등장하는 유사한 문제점에 관해서는 *Bleckmann*(각주 125), S. 687 참고.

식'을 이유로 기존의 판례를 변경하는 것은 정당성이 있다. 이에 반해 시민의 외재적 관점에서 볼 때에는 판례변경은 곧 법적 규율체계의 변경이고, 따라서 판례변경의 소급효는 신뢰보호라는 헌법적 원칙에 의해 제한을 받는다. 문제는 결국 서로 다른 관점들이 병존한다는 사실에 기인한다. 즉, 하나의 관점은 유일하게 정당한 결정이라는 규제이념에, 다른 하나의 관점은 법의 다의성에 관한 실제 경험에 사로잡혀 있다.

IV : 요약

이와 같이 서로 다른 관점들의 병존 및 대립을 어떤 식으로 균형을 잡아 나아갈 것인지는 법이론적 문제가 아니라, 헌법에 지향된 법정책의 문제이다. 시민에게 부담을 주는 법적 행위를 진리 이념에 기초한다고 보는 것은 원칙적으로 커다란 문제가 있다. 더욱이 진리이념은 인식론적으로 보면 허구로 밝혀지며, 단지 국가활동의 특정 영역(사법부)에서만 어쩔 수 없이 전제해야 하는 규제이념으로 인정될 뿐이다.

그렇기 때문에 '법과 진리'라는 주제와 관련된 결정적인 물음은 어떠한 근거로 법의 영역에서 진리를 말할 수 있는가가 아니다. 결정적인 것은 오히려 우리가 법적 진리(정당성)라는 *사고*, 즉 진리인(정당한) 법인식이라는 사고형태를 *실천적*으로 어떻게 다루는가이다.

부록

: 법, 진리, 권위*

* 이 글은 2013년 4월 6일 한국 법철학회에서 저자가 강연한 '법에서 진리와 권위(Wahrheit und Autorität im Recht)'를 번역한 것이다. 원 제목의 우리말 번역이 글의 제목으로는 어색하여, 저자의 동의를 얻어 제목을 바꾸었음을 밝혀둔다. 번역문은「법철학연구」제16권 제2호(2013년) 317면 이하에 이미 게재되었지만, 요약본으로 볼 수 있을 만큼 이 책과 밀접한 관련이 있어 부록으로 다시 싣는다.

[부 록]

I

법과 진리
하나의 의심스러운 사유형식의 문제점과 정당성

: 규범적 체계에서의 진리주장

규범적 질서는 그 질서가 구속력을 갖는다는 주장을 제기한다. 그렇지 않다면 그 질서는 규범적 질서라 할 수 없다. 이 구속력주장은 여러 가지 방식으로 정당화될 수 있다. 원래 구속력주장은 의문의 대상이 될 수 없는 전통적 질서라는 사고에 기초했다. 이러한 정당화를 막스 베버(Max Weber)는 전통적 지배라고 부른다.[1] 이러한 사고가 설득력을 상실한 이후에는 두 가지 가능성이 남게 되었다. 하나는 규범적 질서가 이 질서의 규칙 및 지침이 갖는 실질적 정당성을 근거로 구속력을 주장하는 것이

1 *Max Weber*, Wirtschaft und Gesellschaft, 1980, S. 130 ff.

다. 다른 하나는 이 질서에 '권위를 부여하는' 자의 권위를 근거로 구속력을 주장하는 가능성이다. 잠시 용어에 대해 설명할 필요가 있다. 이 강연에서 나는 '정당성'이라는 표현 대신에 '진리'라는 표현을 사용한다. 왜냐하면 '진리'라는 개념을 사용함으로써 법이론적 논의가 철학적 논의에 연결될 가능성을 확보할 수 있기 때문이다. 즉, 오늘날의 철학적 논쟁에서는 이론언명뿐만 아니라, 행위규범의 정당성주장과 관련해서도 '진리'라는 표제어 아래 논의되고 있다는 사정을 감안한 것이다. 실질적으로도 법에 대한 언명의 '정당성'과 '진리' 사이에는 아무런 차이가 없다고 생각한다.

*권위*와 *진리*라는 두 가지 정당화형태는 법질서뿐만 아니라 도덕질서에 대해서도 사용할 수 있다. 도덕규범 또한 상당부분 예컨대 신이나 종교창시자와 같은 도덕적 '입법자'의 권위에 기초한다. 거꾸로 하나의 법질서가 이성법의 체계에 해당하기 때문에 내용적 정당성을 갖고 그 때문에 구속력을 갖는다고 주장하기도 한다. 당연히 두 가지 형태를 상호 보충적으로 사용하는 정당화도 가능하다. 예를 들어 칸트 철학에서처럼, 도덕질서는 모든 이성적 존재가 통찰할 수 있다고 주장하면서, 법체계는 실정법의 체계로서 국민, 군주 또는 정치엘리트와 같은 입법자의

권위에 기초한다고 설명할 수 있다.

하나의 규범적 질서가 권위의 정당화모델을 원용할 것인지 아니면 진리의 정당화모델을 원용할 것인지는 각각의 사회나 시대에 따라 커다란 차이가 나는 문화적 사고에 의존한다. 법의 이념사의 측면에서 보면 이 점은 '자연법'과 '법실증주의(법률주의)'에 비추어 재구성할 수 있다. 자연법사상은 실질적 정당성(Richtigkeit)을 법의 정당성(Legitimität) 근거로 삼으며, 실증주의는 권위를 근거로 삼는다. 물론 이 점에 대해서는 약간의 제한이 필요하다. 유럽 중세의 자연법사상은 법질서가 신의 의지에 기원한다는 사고에 기초했다. 이를 '의지중심주의적(voluntaristisch)' 자연법사상이라고 부른다. 따라서 이 중세적 자연법사상은 사실상 실질적 정당성을 통한 정당화가 아니라, 권위를 통한 정당화에 해당한다. 그 때문에 '부정의한' 신법(神法)이 존재할 수 있는가라는 문제가 발생했다. 중세의 신학에서는 신이 결코 부정의한 것을 의욕할 수 없다는 점에 대해 견해가 일치했다. 그럼에도 불구하고 권위와 정당성 사이의 대립은 계속 유지되었고, 심지어 더욱 첨예하게 제기되었다. 스콜라철학은 다음과 같은 질문을 통해 이 문제를 더욱 첨예하게 만들었다. "신은 그것이 선하기 때문에 의욕하는가, 아니면 신이 의욕하기 때문에 선한 것인가?" 이로써 한편에서는 권위의 의지가, 다른 한편에서는 의욕된 것의 정당성이 서로 날카롭게 대립하는 관계에 있었다. 물론 결과적으로는 양자가 서로 합치할 수밖에 없다는 점에 대해서는 다른 의견이 없었다.

현대의 세속적 헌법국가에 살고 있는 우리는 그러한 중세적 사고로부터 완전히 벗어나 있다. 우리는 권위에 기초한 결정이 내용적으로는 잘못된 것일 수 있다는 전제에서 출발한다. 그럼에도 법의 효력근거는 입법자의 권위에 기초한다는 점을 고수한다. 이 점에서 현대의 법질서에 대한 법철학은 법실증주의이다. 즉, 법은 관할권을 갖고 있는 기관에 의한 제정을 통해, 다시 말해 권위를 통해 효력을 갖는다. 자연법의 문제는 고작해야 법률의 수정가능성의 측면에서나 제기될 뿐이다. 다시 말해 어떤 법률이 정의의 원칙에 참을 수 없을 정도로 위반되는 경우에 그 법률의 효력에 대해 의문을 제기하는 정도에 그친다. 자연법의 문제는 다른 법질서, 특히 시간적으로 과거에 있었던 법질서와 관련해서만 실제적 의미를 가질 뿐이다. 왜냐하면 하나의 법질서 내에서는 법원의 관점에서 볼 때 '현저하게 부정의한' 법률을 입법자가 제정하는 경우는 생각할 수 없기 때문이다. 그렇기 때문에 오늘날 자연법의 문제는 사후적 관점에서 '불법체계'로 여겨지는 정치체제를 처리할 때에만 중요한 의미를 갖는 것이 일반적이다. 이 점에 대해서는 뒤에서 다시 논의하겠다.

현대 법체계에서 권위와 진리의 관계는 과거와는 완전히 다른 방식으로 문제가 된다. 왜냐하면 민주적 헌법국가에서 법질서 전체의 효력은 국민의 의지, 즉 권위에 기초하기 때문이다. 따라서 현대 헌법국가에서 "권위를 통한 정당화인가 아니면 진리를 통한 정당화인가?"라는 물음이 집중되는 지점은 입법이 아니라, *법관*의 *판결*이다.

법관의 판결에 대해서도 다음과 같이 말할 수 있다. 법적 결정(판결)은 그 실질적 정당성, 즉 '진리'를 통해 정당화되거나 또는 법관의 권위를 통해 정당화된다고 생각할 수 있다. 옛날에는 법관의 권위를 흔히 '현자법관'의 인격에서 찾곤 했다. 이에 대해서는 여러 법문화에서 탁월한 문학적 묘사의 대상이 되었던 실례들이 존재한다. 그러나 현대의 헌법국가에서 중요한 것은 법관의 *인격*이 갖는 권위가 아니라, 법관이라는 직위가 갖는 권위이다. 다시 말해 법관의 권위는 특수한 능력의 문제가 아니라, 형식적인 권한의 문제이다. 그렇기 때문에 현대 헌법국가에서는 권한을 통한 결정의 정당화가 핵심적인 사유형태에 해당한다. 니클라스 루만(Niklas Luhmann)은 이 점을 설득력

있게 밝히고 있다.[2]

다른 한편 현대의 법사상은 직위가 갖는 형식적 권한만으로는 결정의 정당화로 충분하지 않다고 보는 특징을 갖고 있다. 이 점은 자신의 결정에 대한 근거를 제시하라는 강제, 다시 말해 결정이 정당한 것임을 증명하라는 강제에서 뚜렷하게 드러난다.[3] 따라서 법관은 자신이 결정권한을 갖고 있다는 사실을 지적하는 것만으로는 판결을 정당화할 수 없다. "내가 그렇게 말하면 그런 거야!"라는 문장은 결코 현대법의 정당화형태라 할 수 없다.

법관의 근거제시에서 명시적 또는 묵시적으로 제기되는 정당성주장은 당연히 결정이 비판에 직면하기 쉽게 만든다. 왜냐하면 비판자들이 비판을 당하는 자와 똑같은 형식적 권한을 갖고 있지 않더라도 얼마든지 정당성주장의 타당성 여부를 다툴 수 있기 때문이다. 구체적이고 조금은 극단적으로 표현하자면, 법과대학 1학년 학생도 얼마든지 대법원의 판결을 부당하다고 비판할 수 있고, 또한 대법원이 아니라, 비판을 하는 학생이 '옳을' 수 있다. 진리는 결코 권위를 보유하고 있는가 여부에 달려 있지

2 *Niklas Luhmann*, Legitimation durch Verfahren, 3. Aufl. 1993.

3 이에 대해 자세히는 *Ulfrid Neumann*, Juristische Argumentationslehre, Darmstadt 1986, S. 6f. 참고.

않다. 바로 이 점 때문에 학문은 권위를 통해 정당화되는 법실무와 논쟁을 할 수 있는 제도적 기회를 갖게 된다.

물론 이를 위해서는 법관의 결정이 정당하다거나 부정당하다고 얘기하는 것 자체가 타당성을 갖는다는 전제가 충족되어야 한다. 만일 법관의 판결에 대한 의지중심주의적 모델처럼 법관의 판결을 단순한 *의지활동*(Willensakt)으로 이해하게 되면, 법관의 결정에 대한 법학의 비판은 공허한 것이 되고 말 것이다.

따라서 판결을 법관의 의지활동으로 이해하는 이른바 자유법학(Freirechtsschule)[4]이 판결에 대한 근거제시를 포기하고자 한다면, 이는 완벽하게 일관된 관점이다. 신의 심판에 대해서는 결코 그 근거를 제시하라고 요구할 수 없다는, 헤르만 칸토로비츠(Hermann Kantorowicz)의 논거는 아주 유명하다.[5] 그러나 바로 이 비유에서 자유법학의 오해가 분명하게 드러난다. 실제로 신도는 신의 심판에 대해 근거제시를 요구하지 않을 것이다. 그에 대해서는 각 종교에 속하는 신학자들이 결정할 일이다. 그렇

4 대표적으로는 Gnaeus Flavius(Hermann Kantorowicz), Der Kampf um die Rechtswissenschaft, 1906, S. 22 참고. 여기서 칸토로비치는 법관의 결정과 관련하여 다음과 같이 말한다. "이성을 억제하고 조련시키는 것은 언제나 의지이다."

5 A.a.O. S. 42.

지만 시민은 자신에게 유죄판결을 선고한 세속의 법관에 대해 그 유죄판결의 근거를 알고 싶다고 요구할 권리를 갖는다. 자유법학이 법관의 인격을 지나치게 과장한 것은 이미 그 당시(1906년)에도 시대에 적합한 것이 아니었다. 즉, 그것은 근대적 법관상(法官像)이 아니라, 어떤 신비적 법관상에 따른 것이었을 뿐이다. 법관의 인격을 그런 식으로 이해하면, 결국 당사자들에게는 법관이 자의(恣意)를 행사할 권한이 있다는 것을 의미할 뿐이다. 더욱이 법관의 인격을 앞세우면 법학이 판결을 비판할 수 있는 토대마저 아예 없어지고 만다. 판결이 오로지 법관의 권위를 통해서만 정당화되는 곳에서 법학은 침묵해야 한다. 법학은 진리주장이 문제되는 경우에만 입을 열 수 있기 때문이다.

이 점을 그 어느 누구보다도 더 명확하게 분석한 것은 한스 켈젠(Hans Kelsen)이었다.[6] 켈젠에 따르면, 판결은 단순한 *인식*활동만으로 법률로부터 획득될 수 있는 것이 아니다. 오히려 항상 *의지*활동도 필요하다고 한다. 이 의

6 *Kelsen*, Reine Rechtslehre, 2. Aufl. 1960, S. 350 ff. 이에 관해 자세히는 *Horst Dreier*, Rechtslehre, Staatssoziologie und Demokratietheorie bei Hans Kelsen, 2. Aufl. 1990, S. 145 ff.; *Lippold*, Reine Rechtslehre und Strafrechtsdoktrin, 1989, S. 150 ff. 참고.

지활동을 통해 다수의 가능한 규범해석들 가운데 어느 하나를 선택하는 결정을 내린다는 것이다. 따라서 '인식에 따르는' 해석은 단지 의지활동을 통해 충족되어야 하는 일정한 범위를 밝힐 수 있을 뿐이다.

인식활동과 의지활동, 즉 판결의 인지적 요소와 의지적 요소를 구별하게 되면 법원에 의한 법률의 '해석'과 법학에 의한 법률의 해석을 뚜렷하게 대비시키는 결과에 도달한다. 법학의 해석은 법률에 따른 결정의 범위를 제한하는 데 국한되어야 한다. 다시 말해 법학은 '하나의 법규범이 가능한 의미들을 밝히는 것'만을 할 수 있을 뿐이다. 이러한 결정범위는 오로지 의지활동을 통해서만 충족될 수 있으며, 이 의지활동을 담당하는 것은 제도의 대표자이지, 법학이 아니다. 켈젠은 의지활동에 대해서도 해석이라는 표현을 사용한다. 즉, 이러한 해석만이 법적용기관을 통한 '진정한 의미의 해석'이라고 한다. 법학적 해석과는 달리 진정한 의미의 '해석'만이 법을 구성하는 의미를 갖는다. 법적용기관의 해석이 비로소 법을 창조한다는 것이다.

그렇기 때문에 법관의 판결에 내재하는 인지적 요소와 의지적 요소의 구별은 곧 법학적 비판이 담당하는 역할과 담당할 수 없는 역할에 대해서도 결정을 내려준다. 물론 그러한 구별의 경계선이 어디에 있는지 그리고 누가 경계선을 확인할 권한이 있는지는 대답이 되지 않고 있다.[7] 하지만 구체적 사례에서 법학적 해석이 판결을 완벽하게 규정할 수 없다는 것만은 분명하다. 이 점에서 켈젠은 법학적 해석은 "법규범이 언제나 단 하나의 '정당한' 해석만을 허용하고 있다는 허구(Fiktion)를 피하도록 최대한 주의를 기울여야 한다"고 말한다. 이렇게 법관의 결정이 갖는 인지적 요소와 의지적 요소를 뚜렷하게 구별하게 되면, 법실무를 비판하는 법학의 관할권이 순수법학(Reine Rechtslehre)에 의해 엄청나게 축소되는 결과를 낳는다. 그리하여 법학의 관할권은 법관의 결정범위와 관련된 영역에서 법정책적 의사표명에 국한되고 만다.[8]

그렇지만 켈젠의 입장이 실제로 타당한 것일까? 잘 알려져 있듯이 얼마 전 세상을 뜬 영국의 법철학자 드워킨(Ronald Dworkin)은 켈젠의 입장에 격렬하게 반대한다. 하트(H.L.A Hart)와 논쟁을 하면서 드워킨은 해결하기 어려운 사건(hard case)의 경우에도 유일하게 정당한 하나

7 호르스트 드라이어(Horst Dreier)는 "허용되는 해석제안들과 허용되지 않는 해석제안들을 구별해주는 해석범위라는 사고는 유일하게 정당한 결정이라는 테제만큼이나 견지하기 어려운 사고이다"라고 적확하게 지적하고 있다(Horst Dreier, Rechtslehre[각주 6], S. 149 각주 344).

8 *Kelsen*, Reine Rechtslehre, S. 353.

의 결정이 존재한다고 주장한다. 즉, 드워킨은 법관의 판결의 정당성이 예외 없이 진리에 기초할 수 있다고 주장한다. 과연 이러한 주장이 타당한지는 하나의 언명의 '진리'를 어떻게 이해할 것인지에 달려 있다. 이와 관련해서는 잘 알려져 있듯이 '진리이론'이라는 표제어를 달고 논의되는 여러 가지 제안들이 있다.

: 진리모델

a) 일치설

진리에 관한 극히 상식적이고, 거의 당연하게 여겨지는 견해는 언명과 실재 사이의 관계에 초점을 맞춘다. 이 견해에 따르면 하나의 명제가 존재하는 사안을 올바르게 재현(wiedergeben)하고 있다면 그 명제는 진리라고 한다. 이는 '고전적' 진리개념으로서, 아리스토텔레스와 토마스 아퀴나스에 의해 발전되었고, 칸트가 전제로 삼았으며 비트겐슈타인이 '논리철학논고(Tractatus logico-philosophicus)'에서 주장했던 진리개념이다. 이 이른바 일치설(Korrespondenztheorie)은 우리의 일상생활뿐만 아니라, 법관의 사실확인 영역에서도 얼마든지 설득력이 있고 또한 그것만으로 충분하다.[9]

법적용의 영역, 즉 법에 대한 언명의 영역에서 일치설의 적용가능성은 우리가 법적 언명에 상응하는 법적 '사안'을 확인할 수 있는지에 달려 있다. 다시 말해 과연 경험적 세계와는 별도로 어떤 규범적 존재의 세계를 전제할 수 있을 것인가? 법률가들이 별다른 생각 없이 '법상태(Rechtslage)'라는 표현을 쓰는 것을 보면 그러한 규범적 존재의 세계가 있다고 생각할 수도 있다. 즉, "법상태가 어떠한가?"라는 질문은 '법률문제'도 원칙적으로 일치설을 원용할 수 있는 '사실문제'와 비슷하다는 전제를 깔고 있다. 하지만 '법상태'가 실제로 법적인 언명의 관련대상으로서 역할을 하고, 따라서 일치설을 적용할 수 있는 토대로 작용할 수 있을까?

이 물음에 대해 오늘날의 법이론은 거의 대부분 '아니다!'라고 대답한다. 이 대답은 올바른 대답이다. 왜냐하면 '법상태'는 결코 존재론적으로 이미 주어져 있는 사안이 아니라, 구성(Konstruktion)이기 때문이다. 물론 이 구성

9 일치설에 대한 상세한 설명은 예컨대 *Kreiser/Stekeler-Weithofer*, Stichwort "Wahrheit/Wahrheitstheorien", in: Sandkühler(Hrsg.), Enzyklopädie Philosophie, 1999 참고.

은 실제 사안을 기초로 이루어진다. 즉, 법률텍스트, 법원의 판결, 학설 등의 실제 사안이 이 구성에 편입된다.[10] 하지만 이 '재료들'은 '법상태'라는 구성을 확정하는 것이 아니다. 법상태라는 구성은 오히려 이 재료들을 창조적으로 처리한 결과이다. 따라서 주어져 있는 사안으로서의 법상태란 이념화(Idealisierung)이자 허구일 따름이다. 그렇기 때문에 법적 언명의 진리성 여부를 판단할 때에는 일치설이 의미하는 것처럼 어떤 객관적 대상으로서의 법상태를 전제할 수 없다.

b) 합의설

이러한 결론은 오늘날의 법이론에서 진리의 합의설(Konsenstheorie)이 왜 그렇게 인기를 얻고 있는지를 설명해준다.[11] 왜냐하면 합의설은 법의 영역에서 어차피 없는 것, 즉 언명에 상응하는, 이미 주어져 있는 사

10 법적 언명의 '실재론적' 기초에 관해서는 *Hilgendorf*, Tatsachenaussagen und Werturteile im Strafrecht, entwickelt am Beispiel des Betruges und der Beleidigung, 1998, S. 205ff. 참고.

11 합의설에 대한 기본적인 문헌으로는 *Jürgen Habermas*, Wahrheitstheorien (1971), in: *ders.*, Vorstudien und Ergänzungen zur Theorie des kommunikativen Handelns, Frankfurt am Main 1995, S. 127ff. Aus dem rechtsphilosophischen Schrifttum etwa *Robert Alexy*, Theorie der juristischen Argumentation, 3. Aufl. Frankfurt am Main 1993, S. 172ff. 참고.

안의 존재 자체가 전혀 중요하지 않다고 선언하기 때문이다. 합의설은 진리기준이 언어와 세계의 관계로부터 벗어나, 이를 커뮤니케이션과정으로 옮겨 갈 수 있도록 해준다. 그리하여 합의이론에 따르면, 하나의 언명이 *이상적인 조건 아래서* 모든 토론자들의 동의를 얻을 수 있다면, 그 언명은 '진리'라고 한다.

합의설은 하나의 언명이 진리라는 주장과 이 언명에 대해 합의할 수 있다는 주장 사이에 관계를 설정한다. 다시 말해 진리라는 주장과 함께 하나의 언명을 제기하는 사람은 다른 사람도 - 통찰능력이 있고, 선의를 갖고 있는 한 – 이 언명에 대해 동의할 것이라고 전제한다. 따라서 우리 모두가 미리부터 다른 토론참가자들의 동의까지 고려하면서 논증을 한다는 점을 합의설이 부각시키고 있다는 점에서 합의설은 충분한 설득력을 갖고 있다.

그렇지만 합의설은 절차적 요소와 논증적 요소 사이의 불확실한 관계로 인해 진리이론으로서는 실패하게 된다.[12] 하나의 특정한 절차 – 즉, '이상적인 논의' – 의 결과가 곧 '진리'라고 표현된다면, 이에 대해서는 원칙적으로

12 이에 관해 자세히는 *Ulfrid Neumann*, Zur Interpretation des forensischen Diskurses in der Rechtsphilosophie von Jürgen Habermas(1996), in: ders., Recht als Struktur und Argmuentation, 2008, S. 23 ff. 참고.

두 가지 해석이 가능하다. 첫째, 그 결과의 정당성이 절차의 *필연적 결과*일 수 있다. 예컨대 추첨이나 복권이 이 경우에 해당한다. 이 경우에는 게임규칙이 준수된다면 그 결과의 정당성에 대해서는 다툼이 있을 수 없다. 이와 같은 경우를 정의이론의 영역에서는 '순수한 절차적 정의'라고 말한다.[13]

둘째, 특정한 절차에 따른 결과의 정당성이 이 절차가 모든 중요한 *실질적 관점*을 고려하고, *그 점에서* 정당한 결과를 보장하게 만들어준다는 기대에 기초할 수 있다. 이 두 번째 해석의 의미에서 현대의 소송법은 특정한 절차원칙을 통해 판결이 사안에 대한 정확한 확인에 기초하고, 그 점에서 진리에 기초하도록 보장하고자 노력한다. 예컨대 자유심증주의나 법적 청문의 원칙이 그와 같은 절차원칙에 속한다.

합의설이 첫 번째의 순수한 절차모델에 속한다고 보게 되면, 합의는 그것이 이상적인 절차적 조건하에 달성될 수 있는 한, 그 자체 *확정적으로* 결과의 진리성을 보장한다. 하지만 이러한 해석방식은 법정절차와 관련해서는 설득력이 없다. 왜냐하면 법정절차에서 결과의 정당성은 법관이 모든 중요한 실질적 관점들을 고려했는가에 달려 있

---

13 *John Rawls*, Eine Theorie der Gerechtigkeit, 1975, S. 106f.

기 때문이다. 합의설을 순수한 절차적 의미로 해석하는 것은 이 이론의 창시자의 이해에도 부합하지 않는다. 왜냐하면 하버마스(Habermas)에 따르면 이상적 논의라는 모델은 논의 참여자들이 '더 좋은 논거가 갖는, 독특한 의미의 강제 없는 강제'에 복종하는 자세를 중시하기 때문이다. 이로써 논의결과의 정당화라는 부담은 정확한 절차라는 *절차적* 측면에서 근거제시와 관련된 실질적 기준으로 옮겨 간다.

c) 진리기준으로서의 근거제시

이 점은 법적 규범과 법적 결정의 영역에서는 다음과 같은 의미를 갖는다. 즉, 하나의 법적 언명은 그것이 법적 논증규칙에 비추어 정당화될 수 있다면 진리이다. 나로서는 이것이 법적 언명의 영역에서 사실상 유일하게 설득력을 갖는 진리기준이라고 생각한다. 따라서 '정당한' 결정이란 곧 최상의 근거제시가 이루어진 결정이다.[14]

14 이러한 의미에서 이미 *Engisch*, Wahrheit und Richtigkeit im juristischen Denken, 1963도 "정당한 결정은 방법에 부합하여 근거가 제시된 결정이다(S. 14)"라고 말하고 있다. 비슷한 입장으로는 *Patterson*, Recht und Wahrheit, 1996, S. 173 참고.

물론 법적 언명의 진리성 주장을 고수하려는 모델로서는 진리와 근거제시 가능성을 이런 식으로 결합시키는 것은 상당히 위험한 결합으로 여겨진다. 왜냐하면 법원의 결정을 둘러싼 논쟁이나 법학의 논쟁들을 통해 경험적으로 알 수 있듯이, 완전히 상반되는 결정들과 법적 규칙들도 얼마든지 방법에 충실하게 근거를 제시할 수 있는 경우가 자주 있기 때문이다. 그러므로 앞에서 제안한 것처럼 '근거제시 가능성'을 정당성기준으로 삼는 것은 법적 사고에서 정당성 주장이 갖고 있는 의미를 상당부분 상대화시키는 결론에 도달하게 되는 것은 아닐까?

이러한 결론은 어느 정도 설득력이 있긴 하지만, 지나치게 성급한 결론이다. 왜냐하면 이 결론은 '근거제시'라는 개념에 어떠한 의미를 부여하느냐에 달려 있기 때문이다. 이 개념을 넓은 의미로 해석한다면, 법학과 법실무의 정당성주장이 사실상 상당부분 상대화되는 결과를 낳는다. 즉, 그렇게 되면 법학적 '학문공동체(scientific community)'에서 어느 학자에게 명백한 오류라고 비난하는 경우가 아닌 한, 모든 견해는 얼마든지 납득할 수 있는(vertretbar) 견해가 된다. 그리하여 '납득할 수 있는' 다양한 입장들이 공존하는, 매우 넓은 범위의 판단여지가 형성될 수 있다.

이와는 달리 근거제시 가능성의 개념을 매우 좁게 규범적 의미로 이해할 수도 있다. 이 경우에는 *정당한* 근거제시의 결과로 볼 수 있는 견해들만이 근거제시 가능성의 영역에 포함된다. 이런 의미에서는 관련된 모든 중요한 논거들을 완벽하게 고려하고, 각 논거들의 비중을 적절하게 가늠한 근거제시만이 정당성을 갖는다. 그렇기 때문에 근거제시를 정당성기준으로 삼는다는 것은 법적 언명의 진리를 훨씬 더 진지한 방식으로 이해하는 것과 완전히 일치한다. 이 점에서 유일하게 정당한 결정이라는 테제가 '근거제시를 통한 정당성'이라는 모델에 가까운 법철학자들에 의해 주장되는 것은 결코 우연이 아니다. 이와 관련하여 결정적인 물음은 모든 법적 사례에 대해 단 하나의 유일하게 정당한 결정이 존재한다는 전제를 과연 정당화할 수 있는가 이다.

[부록]

III

법과 진리
하나의 의심스러운 사유형식의 문제점과 정당성

: 유일하게 정당한 결정에 관한 이론

앞에서 언급했듯이, 로날드 드워킨은 하트와 논쟁을 하는 가운데 이 테제를 주장한다.[15] 하트에 따르면 실정법의 규칙들은 특정한 사례에서는 판단여지를 부여하고 있고, 이 판단여지의 범위 내에서는 법관에 대한 법률구속이 불가능하며, 전적으로 법관의 재량에 따른 결정이 가능하다고 한다. 이에 반해 드워킨은 법관의 결정은 해결하기 어려운 사례(hard cases)인 경우일지라도 법규

15 *Ronald Dworkin*, Bürgerrechte ernst genommen, 1984(영어원본 "Taking Rights Seriously", 1977), S. 144ff., 448ff., 529ff.; *ders.*, A Matter of Principle, 1985, S. 119ff.; *ders.*, Law's Empire, 1986, S. 211ff.

범에 의해 완전히 규정(determinieren)되어 있다는 견해를 표방한다. 물론 그러한 결정이 반드시 법률과 선결례로부터 도출되는 것은 아니지만, 전체 법규범으로부터 도출될 수 있으며, 불문의 법원칙 역시 전체 법규범에 속한다고 한다.

드워킨의 이 모델은 다툼의 대상이 되는 다수의 법적 견해들이 사실상으로 존재하는 이유가 *법의 다의성* 탓이 아니라, 전적으로 법률가들이 *법을 인식*하는 능력에 결함이 있기 때문이라는 결론에 도달한다. 즉, 법률가들의 견해차이는 법질서의 규율상의 결함 탓이 아니라, 법질서를 다루는 사람들의 인식적 결함 탓이라는 것이다.

드워킨은 자신의 테제를 상당히 자극적인 표현을 동원하여 다음과 같이 묘사한다. 즉, 초인적 능력을 갖고 있는 법관 – 드워킨은 이러한 법관을 헤라클레스라고 부른다 – 은 그보다 능력이 훨씬 떨어지는 평범한 법관 – 허버트 – 의 의심 따위에는 구속되지 않는다고 한다. 그러나 이러한 묘사는 그것이 갖고 있는 증명력에 비해 감정을 자극하는 힘이 더 강할 뿐이다. 왜냐하면 영웅 헤라클레스에게 무슨 일을 맡기든 - 그리스 신화에서 등장하듯이 그가 엄청난 힘을 가진 사자를 제압하는 일을 해야 하는지 아니면 정당한 결정을 찾아야 하는지 –, 헤라클레스가 임무를 수행하기 위해서는 일단 그의 임무에 상응하는 대상이 존재해야 한다. 다시 말해 법학적 헤라클레스라는 표현은 유일하게 정당한 결정이라는 이념을 *묘사*할 뿐, 이 이념의 근거를 제시하지는 않는다. 어떠한 경우든 드워킨의 헤라클레스는 유일하게 정당한 결정이라는 테제와 결부된 근거제시부담을 떠안지 않는다. 이는 너무나도 무거운 부담이기 때문이다. 왜냐하면 유일하게 정당한 단 하나의 결정이 가능하기 위해서는 한 사회에서 다툼의 대상이 되는 모든 선결례와 법원칙들을 완벽하게 정확한 하나의 법체제로 집약해야 하기 때문이다. 하지만 그렇게 하기 위해서는 다시 법원칙들의 비중을 서로 다르게 가늠할 필요가 없는 사회를 전제해야 한다. 그러한 전제는 다원주의 사회에서는 설득력이 없다. 따라서 드워킨이 원래 주장했던 '강한' 의미대로, 인식할 수 있는 유일하게 정당한 결정이 원칙적으로 존재한다는 주장은 타당성이 없다.[16]

물론 그렇다고 해서 유일하게 정당한 결정이라는 이념을 법이론에서 아무런 대안도 없이 삭제해야 된다는 뜻은

16 드워킨을 비판하는 수많은 글들 가운데 예컨대 *Aarnio*, One Right Answer and the Majority Principle, in: *H.J. Koch/U. Neumann*(Hrsg.), Praktische Vernunft und Rechtsanwendung, ARSP-Beiheft 53(1994), S. 36ff.; *Alexy*, Probleme der Diskurstheorie(1989), in: *ders.*, Recht, Vernunft, Diskurs, 1995, S. 109, S. 121f. 참고.

아니다. 왜냐하면 이 이념은 비록 법이론의 '객관적' 상태에는 부합하지 않지만, 법관의 주관적 관점에는 얼마든지 부합하기 때문이다. 법관은 정당한 결정을 추구해야 한다. 법관은 결코 다수의 납득할 수 있는 견해들 가운데 주사위를 던져 하나를 선택해서는 안 된다. 달리 표현하자면, 수많은 사례들에서 서로 다른 결정들이 충분한 근거를 갖고 주장될 수 있다는 법이론적 통찰은 법관의 행위준칙으로서는 적절하지 않다. 법관은 자신의 판결활동과 관련하여 모든 사건에서 마치 오로지 하나의 결정만이 정당한 것처럼 재판해야 한다. 왜냐하면 법관은 결정을 내릴 뿐만 아니라, 자신의 결정이 정당한 결정이라는 주장도 함께 제기해야 하기 때문이다.

이러한 측면은 다음과 같이 표현할 수도 있다. 즉, 유일하게 정당한 결정이라는 이념은 어떤 존재사실에 대한 주장이 아니라, '규제이념(regulative Idee)'으로서 정당화될 수 있다.[17] 드워킨 자신도 후기에는 이러한 방향으로 생각을 바꾸었다. 이와 같은 모델을 정당화하는 작업은 곧 법

---

17 *Alexy*, Probleme der Diskurstheorie(1989), in: *ders.*, Recht, Vernunft, Diskurs, 1995, S. 109, 121f.; *Sieckmann*, Begründung(각주 69), S. 69; *Lorenz Schulz*, Normiertes Misstrauen(각주 7), S. 245ff. 도덕철학적 논의에서 '유일하게 정당한 대답'이라는 목표에 관해서는 *Habermas*, Richtigkeit(각주 29), S. 300 참고.

이론의 관점에서 법실무의 관점으로 전환한다는 것을 뜻한다. 개개의 법관은 필연적으로 자신의 결정이 유일하게 정당한 결정이라는 주장을 제기해야만 한다. 법이론이 아니라, 법실무를 기준으로 삼게 되더라도 개별 법관의 관점만이 중요하게 되는 것은 아니다. 이 경우에도 법질서 전체가 이 법질서에 속하는 결정의 효력을 얼마만큼 진리주장에 기초하게 만드는지 그리고 법질서 전체는 얼마만큼 법관의 권위 및 법관의 배후에 있는 국가의 권위에 기초하게 만드는지는 여전히 물음의 대상이 된다. 또한 법학을 포함한 법체계 전체가 진리주장을 어떤 식으로 다루는가에 대해서도 묻지 않을 수 없다.

IV : 법체계에서 진리주장의 기능

a) 비판적 사유형식으로서의 진리

이와 관련하여 법질서의 관점에 대한 고전적 시금석은 확정력을 갖는 오판이다. 즉, 법체계는 이 체계의 절차적 규칙에 비추어보면 확정력을 갖지만, 내용적으로 명백히 하자가 있는 결정을 어떤 식으로 처리하는가? 이에 대해서는 기본적으로 두 가지 가능성이 있다.

첫 번째 가능성은 갈등을 은폐해버리는 방법이다. 대표적으로는 '실체법적' 확정력설이 이러한 방법에 해당한다. 확정력과 관련된 실체법설은 확정력을 갖는 오판의 문제를 단칼에 '해결'한다. 즉, 실체적 법상태가 판결을 통해 변경되었고, 이로써 판결과 실체법 사이의 간극은 메워졌다고 한다. 이 학설의 기본사상은 이렇다. 결정이 실체법에 따르는 것을 확실하게 보장할 수 없다면, 거꾸로 실체법이 그 결정에 따라야 한다는 것이다. 그리하여 결정활동은 판결의 정당성을 구성하는 의미를 갖는다. 이런 의미에서 20세기 독일의 저명한 소송법학자(파겐슈테히어 Pagenstecher)는 다음과 같이 단호하게 말한다. "법관이 선언한 것이 진리가 아니라면, 그가 선언한 것이 곧 진리가 된다."[18] 다시 말해 권위가 진리를 만든다(auctoritas facit veritatem)는 것이다. 그러나 이와 같이 진리를 권위에 구속시키는 것은 법적 사고방식보다는 종교적 사고방식에 가깝다.

현대의 법적 사고는 이 문제를 다른 방식으로 해결한다. 즉, 법적 결정의 정당성과 구속력을 구별하고, 구속력을 권한과 정확한 절차에 결부시키지, 진리에 결부시키지는 않는다. 그리하여 실체적으로 오류인 판결도 제도적 결정권한에 근거하여 확정력을 가질 수 있으며, 이를 통해 구속력을 획득한다. 판결의 구속력은 그 실질적 정당성이

18 *Pagenstecher*, Zur Lehre von der materiellen Rechtskraft, 1905, S. 305.

아니라, 법관의 제도적 권위에 따른 결과이다.

물론 하나의 판결이 제기하는 구속력주장은 그 정당성 주장과 완전히 분리할 수 없다. 그 내용이 극단적으로 부정당한 경우에는 결정의 구속력까지도 거부되어야 한다. 예컨대 형법과 관련하여 피고인을 형법에 규정되어 있지 않는 형벌(추방형)을 선고하는 것은 그러한 경우에 해당한다. 또한 행정법에서는 행정행위의 무효라는 제도가 있다. 그렇지만 원칙적으로는 구속력과 진리를 분리하는 입장을 고수한다.

그렇다고 해서 결정이 제기하는 진리주장을 포기하는 것은 아니다. 민주적 헌법국가에서 그러한 진리주장을 포기할 수는 없다. 왜냐하면 법관의 판결은 권력분립의 논리에 따라 판결이 법상태 및 법률상태에 합치한다는 사실로부터 그 정당성을 확보하기 때문이다. 이는 다음과 같은 사실을 뜻한다. 즉, 법적 언명에 대한 진리 판단이 가능하다는 전제에서 출발할 경우에 비로소 사법부 외부에서 행하는 사법비판의 길이 열린다. 바로 이 점이 '유일하게 정당한 결정'이라는 테제로부터 도출되는, 현실적으로 가장 중요한 결론이다. 진리는 결국 비판적 잠재력을 뜻하며, 특히 법학은 이러한 비판적 잠재력을 활용할 수 있다.

무엇보다 역사법학파(historische Rechtsschule)로부터

강한 영향을 받은 대륙법계 법문화에서는 법학이 도그마틱의 쟁점에 대해 최종적으로 결정을 내리는 역할을 한다. 물론 구체적 '사례'는 사법부의 사례로서 최고법원의 판결을 통해 종결된다. 하지만 하나의 문제가 법체계 – 학문적으로 이루어지는 법학 역시 법체계에 속한다 – 의 문제로서 진지하게 고려되는 것은 구체적 사안에 대한 사법부의 결정이 종결된 이후에 비로소 시작된다. 최고법원의 판결은 법학적 비판의 대상이다. 이는 당연한 결론이다. 왜냐하면 '정당한' 결정이라는 주장은 법실무를 진리주장의 판단 대상이 되도록 만들며, 진리주장에 대한 평가는 1차적으로 법학이 관할한다고 느끼기 때문이다.

물론 법학의 비판을 받아들여 판례를 변경할 것인지 여부는 전적으로 사법부에 맡겨져 있는 일이다. 이와 관련해서는 독일 연방법원의 결정과 관련하여 몇몇 주목할 만한 실례가 있다. 하지만 사법부가 법학에서 제기된 논거를 따르지 않는 경우에도 건설적인 대화가 이루어질 수 있다. 학문과 실무 사이의 이러한 논의는 공통의 법학교육을 받았고, 실무에서 활동하는 법률가들과 학문적인 법학에 종사하는 법학자들이 공통의 자기이해를 갖고 있다는 데 따른 결과이다. 결정에 대한 근거를 제시할 때 법관은 법학자로서 활동한다. 적어도 이 점에서는 법관의 특수한 제도적 권위가 별 의미가 없다는 뜻이다. 학문 전반의 이념 자체에서도 그렇듯이, 법학에서도 민주주의적 요소가 중요한 의미를 갖는다. 서두에서도 확인했듯이, 정당한 법적 인식을 위해 필요한 것은 직위나 특권이 아니라, 오로지 전문적 능력뿐이다. 법적 결정이 진리라는 주장과 정당하다는 주장은 제도적 권한을 상대화하는 결과를 낳는다. 학문적으로 이루어지는 법학을 통해 사회 전체도 법원과 대화를 하게 된다. 이 밖에도 법적 결정의 진리라는 이념은 결정이 사법부 내부에서도 심사를 받을 수 있는 길을 열어 놓는다. 법원의 심급, 행정법원을 통한 행정결정의 심사는 법이론적으로 볼 때, '유일하게 정당한 결정'이라는 이념을 일용할 양식으로 삼고 있다.

법에서 진리라는 사유형식이 갖는 의미에 대한 중간결산은 적어도 이 지점까지는 명백히 긍정적이다. 이 중간결산은 다음과 같이 표현할 수도 있다. 즉, 진리이념은 법학의 비판과 사법 내부의 심사 가능성을 열어 놓는다. 따라서 진리이념은 법체계의 일관성과 법체계의 발전에 기여한다고 말할 수 있다. 그렇지만 유일하게 정당한 결정이라는 이념이 착한 요정이 아니라, 악한 마녀로 등장하는 영역이 있지 않을까라고 물음을 제기할 수도 있다. 나는 실제로 그렇다고 생각한다. 즉, 진리를 원용함으로써 헌법적으로 보장되어 있는, 시민의 자유권을 축소하는 경우가 있다. 이 점과 관련하여 독일 사법실무에서 등장한 두 가지 보기를 제시하고 이 강연을 마치도록 하겠다.

b) 억압적 사유형식으로서의 진리

1) 형사법원 판례의 소급적 변경

첫 번째 보기는 *형사법원 판례의 소급적 변경*에 관련된 것이다. 범행 이후에 상고법원의 판결이 피고인에게 불리한 방향으로 변경되면, 피고인에 대한 재판을 할 때, 더 엄격한 최근의 법적 견해를 근거로 삼아도 좋은가라는 질문이 제기된다. 독일 형법실무의 고전적인 예는 이른바 '절대적 운전불능'과 관련된 혈중 알코올 농도 수치를 여러 번에 걸쳐 낮추어 온 연방법원의 결정이다.[19] 판례와 다수설은 그와 같은 소급적 판례변경이 허용된다고 본다. 이 맥락에서 유일하게 정당한 결정이라는 테제는 형법의 소급효금지라는 헌법적 명령을 위반한다는 비판으로부터 판례변경을 옹호하는 역할을 한다. 그 논거는 이렇다. 즉, 이 경우 새로운 판례가 인정한 법상태는 이미

19 BGHSt 21, 157(혈중알코올농도 기준치를 0.0015%에서 0.0013%로 낮춤); BGHSt 37, 89(혈중알코올농도 기준치를 0.0013%에서 0.0011%로 낮춤).

그 이전에도 '진리'로 성립되어 있었기 때문에 소급효의 문제가 생기지 않는다는 것이다.[20]

그러나 그런 식으로 소급효금지라는 헌법원칙을 무력화시킬 수는 없다. 왜냐하면 새로운 법적 견해가 이미 그 이전부터 법률에 잠재되어 있었다는 주장은 명백히 허구에 불과하기 때문이다. 물론 최고법원의 판례가 사실상 규율을 제정하는 기능을 한다는 사실에 대해서는 오늘날 더 이상 진지하게 반론을 제기할 수 없다. 그리고 유일하게(그리고 이미 언제나) 정당한 결정이라는 '규제이념'을 원용하여 그러한 통찰에 대항할 수는 없다. 왜냐하면 규제이념은 단지 판결활동과 관련된 법관의 관점에만 해당하기 때문이다. 그러나 법관의 판결활동으로부터 직접 영향을 받는 당사자인 시민에 대항하여 이 규제이념을 내세울 수는 없는 일이다. 시민에게 어떤 행동을 할 때에는 모든 잠재적 판례변경을 고려하라고 요구하는 것은 시민의 행위자유를 엄청나게 제한하는 결과를 낳게 된다.

---

20 *Tröndle*, Leipziger Kommentar, 10. Aufl. 1978, § 2 Rn. 18(*Gribbohm*, LK, 11. Aufl. 1992, § 2 Rn. 38 역시 실질적으로 같은 입장이다).

2) '국가불법'의 처벌

두 번째 보기는 '국가불법(Staatsunrecht)'의 맥락에서 이루어진 행위의 처벌에 관련된 것이다. 그러한 행위는 개인의 법익을 심각하게 침해하는 것이었지만, 행위시점에서 효력을 가졌던 법률에 따르면 합법적이었다. 독일 사법부는 20세기에 두 번에 걸쳐 이 문제를 다루어야 했다. 첫 번째는 1945년 이후 나치의 인권침해에 대한 재판이었고, 두 번째는 1989년의 통일 이후 구동독 국가기관에 의한 법익침해를 처리하는 일이었다. 이 두 상황에서 연방법원은 피고인들의 처벌을 가능하게 만들기 위해 이른바 라드브루흐 공식을 원용했다.[21] 이 '공식'에 따르면 하나의 법률은 그것이 참을 수 없을 정도로 정의를 위반한 때에는 효력이 없다고 한다. 이 공식을 원용하여 베를린장벽에서 구동독으로부터 탈출하려는 사람들을 살해한, 유명한 사건들과 관련하여 법원은 예외적인 상황에서 치명적인 총격을 허용했던 구동독의 국경법은 '극단적 불법'이기 때문에 무효였다고 논증한다.

따라서 처벌은 실정법에 기초한 것이 아니라, 자연법(이는 국가적 권위에 따른 결정이 아니라, 오로지 진리에 근

---

21 *Gustav Radbruch*, Gesetzliches Unrecht und übergesetzliches Recht(1946), in: Gustav Radbruch Gesamtausgabe (GRGA), hg. von Arthur Kaufmann, Heidelberg 1987ff., Bd. 3, S. 83ff.

거하여 타당성을 가져야 하는 규범이다)에 기초했다. 하지만 이렇게 함으로써 법의 두 번째 정당화요소, 즉 권위라는 요소가 상실되었다. '진리'는 법적 사고에서 권위에 대항하여 비판적으로 사용될 수 있긴 하지만, 그렇다고 해서 법을 제정하는 권위를 대체하지는 못한다. 다시 말해 형벌을 부과하는 국가는 국가 스스로 – 또는 과거의 국가가 – '진리'를 인식하지는 못했지만, 그럼에도 불구하고 이러한 진리에 근거하여 시민은 얼마든지 유죄판결을 받을 수 있어야 한다는 식으로 논증할 수는 없다. 법치국가에서는 진리가 실정법을 통해 제정된 형벌구성요건을 대체할 수 없다.[22]

22 이에 대해 자세히는 *Ulfrid Neumann*, Rechtspositivismus, Rechtsrealismus und Rechtsmoralismus in der Diskussion um die strafrechtliche Bewältigung politischer Systemwechsel (2002), in: *ders.*, Recht al Struktur und Argumentation, 2008, S. 163 ff. 참고.

[부 록]

V

: 결 론

요약: 진리라는 사유형식은 법에서 법관의 결정관점에 상응하고 또한 국가의 결정에 대한 비판적 논의를 가능하게 만들어주는, 하나의 규제이념이다. 규제이념으로서의 진리는 결코 제정법의 범위에 속하지 않는데도 국가가 시민을 장악할 수 있는 권리를 정당화하는 데 이용되어서는 안 된다. 이 점을 조금 더 보충한다면, 진리의 비판적 기능과 관련해서도 진리는 결코 사법부나 법학의 전유물이 아니라고 말할 수 있다. 진리가 비판적 기능을 지녀야 한다면, 모든 진리주장은 잠정적이고, 따라서 수정할 수 있다고 보아야 한다. 법에서도 진리는 결코 무

오류성을 주장하는 것이 되어서는 안 된다. 그렇기 때문에 사법부와 법학이 법률에 대한 정당한 해석, 즉 더 좋은 근거가 제시되는 해석을 둘러싸고 대화를 하는 것이 중요하다.

옮긴이 후기

사회적 실천에 대한 규율을 목표로 삼는 법은 그 자체 하나의 사회적 실천이기도 하다. 따라서 만일 실천의 영역을 인식의 영역으로부터 엄격히 구별하고자 한다면 법은 인식론적 진리를 둘러싼 논의대상이 아니라, 실천적 정당성을 다투는 규범적, 가치평가적 논의대상이라고 생각하기 쉽다. 하지만 실천적 정당성을 단순히 사실적인 합의나 다수에 의한 강제와 같은 경험적 사실이 아니라, 보편타당한 기준에 비추어 확보하고자 한다면 정당성은 곧바로 진리와 동일한 또는 진리에 유사한 관점에서 포착할 수 있다. 그래야만 법이 표방하는 정당성을 객관적으로 정당화할 수 있기 때문이다. 더욱이 법은 경험적 사실을 대상으로 하고, 법적 관점에서 그러한 사실을 포섭하고 있기 때문에 사실에 대한 법적 판단의 객관성 역시 법

및 법적 평가의 정당성을 위한 전제조건이 된다. 이 점에서 사회적 실천으로서의 법과 객관성 또는 보편타당성이라는 의미에서의 진리는 필연적인 관련성을 맺고 있다.

그러나 양자의 관계를 어떻게 설정할 것인지는 (법)이론적으로 커다란 논란의 대상이다. 예를 들어 절대적 진리를 전제하지 않을 수 없는 자연법론은 실정법의 상위에 있는 또는 실정법에 내재하는 절대적이고 객관적인 규범을 법적 진리의 판단기준으로 내세우는 반면, 법실증주의는 - 개별적 법실증주의의 양상에 따라 다르긴 하지만 - 법률의 제정이나 법규범의 준수와 같은 사회학적 사실 또는 규범논리적 완결성을 법적 '진리'와 법적 '정당성'의 기준으로 삼고자 한다. 이러한 메타차원의 논의와는 별개로 법관의 구체적인 결정으로서의 판결이 과연 객관적 정당성(= 진리)을 가질 수 있는지, 만일 그럴 수 있다면 그 의미와 기준이 무엇인지 역시 커다란 논란의 대상이다. 법철학이나 사회철학에 어느 정도 식견을 가진 독자라면 이 맥락에서 20세기를 대표하는 법철학자 가운데 한 사람인 로날드 드워킨이 주장한 '유일하게 정당한 결정 테제(One-right-answer-thesis)'를 떠올릴 것이다. 드워킨에 따르면 법관은 설령 해결하기 어려운 사례(hard cases)일지라도 언제나 단 하나의 정당한 결정을 찾아내야 하고 또한 찾아낼 수 있다고 주장한다. 다시 말해 법적 판단은 보편타당하고 객관적인 정당성에 도달할 수 있고, 이 점에서 판결의 정당성은 곧 진리와 일치한다는 것이다. 탈형이상학과 포스트모던의 시대에서 이러한 주장이 과연 어떤 의미를 가질 수 있을지 매우 의심스럽지만, 법적 판단을 권력이 자신의 이빨을 드러내는 무대가 아니라, 판단의 근거를 제시하고, 판단을 정당화하는 합리성의 공간으로 여긴다면 정당성과 진리라는 '이념'에 대한 이론적 논의를 법학이 완전히 무시할 수 없다는 것만은 분명하다.

이러한 배경에서 지은이는 진리와 정당성 이념을 둘러싼 일반철학적 논의를 개관하고, 이 이념이 법학적 맥락에서 어떠한 의미를 갖는지를 구체화하며, 특히 법관의 판결을 포함한 넓은 의미의 법도그마틱이 어떤 식으로 이 이념을 수용해야 하거나 수용할 수 있는지를 매우 섬세하게 서술하고 있다. 특히 실체적, 형이상학적 진리(정당성)를 부정하면서도, 이를 규제이념으로 재해석하여 법체계 내에서도 얼마든지 이 이념을 고수할 수 있고 또한 고수해야만 한다고 주장한다. 이와 동시에 이 이념이 시민의 기본권을 제한하거나 기대의 안정성을 해치는 방향으로 남용되어서는 안 된다는 점을 부각시킴으로써 진리이념을 '헌법국가적' 정당성의 차원으로까지 연결시켜 설명하고 있다.

이 자그마한 책자는 지은이가 2003년에 독일 뷔르츠부르크 대학에서 같은 제목으로 강연한 내용이다. '법과 진리'라는 매우 무겁고 거대한 제목에 비해 내용이 짧은 것은 이러한 사정에 기인한다. 하지만 지은이 특유의 압축적인 언어구사는 오늘날 법이론의 영역에서 '법과 진리'에 관한 논의에 담긴 거의 모든 측면을 한 공간에 담을 수 있도록 만들고 있다. 물론 그 때문에 글의 추상도가 상당히 높아졌지만, 과거청산에서 혈중알코올농도에 이르기까지 구체적인 법적 쟁점과의 연결가능성을 충분히 확보하면서 논의를 전개하기 때문에 구체와 추상 사이의 간격을 상당히 좁혀 놓고 있다.

지은이 울프리드 노이만 교수는 옮긴이들의 학문적 스

승이다. 외국인 제자로서 노이만 교수의 학문세계를 우리 나라에 소개하는 것은 어쩌면 거의 책무에 가까운 일이지만, 우리 두 사람에게는 스승에 대한 감사의 마음을 전하는 계기이기도 하다. 무엇보다 스승과 함께 우리 두 사람의 이름을 한 책에 담아 놓는 일에 커다란 기쁨을 느낀다. 스승의 품을 벗어난 지 이미 오래지만 스승의 학문세계는 우리에게 여전히 하나의 '규제이념'으로 자리하고 있다. 이 작은 책 또한 이 이념의 지배와 인도 아래 세상의 빛을 보게 되었다. 출판과 관련해서도 섬세한 배려를 해준 스승 노이만 교수에게 또 한 번 감사의 인사를 드린다.

2014년 11월

옮긴이

김 학 태
윤 재 왕

지은이

울프리드 노이만(Ulfrid Neumann)

지은이는 1947년에 독일 헤센 주의 젤리겐슈타트(Seligenstadt)에서 태어나 튀빙엔 대학교와 뮌헨 대학교에서 철학과 법학을 공부했다. 1971년에 1차 사법시험, 1974년에 2차 사법시험에 합격했다. 1974년부터 스승인 아르투어 카우프만(Arthur Kaufmann) 교수가 소장으로 있던, 뮌헨 대학교의 법철학과 법정보학 연구소(Institut für Rechtsphilosophie und Rechtsinformatik)의 연구조교로 일했으며, 1978년에 박사학위를, 1983년에 교수자격을 취득했다. 1984년부터 프랑크푸르트 대학교 법과대학 법철학 담당교수, 1988년부터 자브뤼켄 대학교 법과대학의 형법, 형사소송법, 법철학, 법사회학 담당교수, 그리고 1994년부터는 다시 프랑크푸르트 대학교 법과대학에서 형법, 형사소송법, 법철학, 법사회학 담당교수로 재직 중이다. 1998년부터 2006년까지 세계 법 및 사회철학학회(IVR) 독일지부 회장을 역임했으며, 2011년부터는 IVR의 회장을 맡고 있다. 1991년부터 1999년까지 독일학술재단(DFG)의 법철학과 사회철학 전문분과 평가위원을 맡기도 했다. 2009년 3월에 그리스 아테네 대학교에서, 2014년 11월에는 스위스 루체른 대학교에서 명예박사학위를 수여했다. 그는 「총체적 형법잡지(ZStW)」와 북경에서 발간되는 「법철학과 법사회학잡지(Archives for Legal Philosophy and Sociology of Law)」의 공동편집인이자, 「노모스 형법주석서(Nomos Kommentar zum Strafgesetzbuch)」의 책임편집인 및 공저자이기도 하다.
주요저작으로는 「법존재론과 법적 논증」(1979), 「형사정책의 새로운 이론」(1980, 울리히 슈로트와 공저; 한국어판, 배종대 옮김, 1994), 「귀속과 사전과책」(1985), 「법과 논증이론」(1986; 한국어판, 윤재왕 옮김, 2009), 「구조와 논증으로서의 법」(2008; 한국어판, 윤재왕 옮김, 2013) 등이 있고 기타 형법, 형사소송법, 법철학, 법이론, 법사회학에 관한 다수의 논문이 있다.

옮긴이

김학태 한국외국어대학교 법학전문대학원 교수

윤재왕 고려대학교 법학전문대학원 교수

법과 진리

하나의 의심스러운 사유형식의 문제점과 정당성

초판 인쇄 2014년 12월 24일
초판 발행 2014년 12월 31일

지은이 울프리드 노이만
옮긴이 김학태 · 윤재왕
발행인 김인철
발행처 한국외국어대학교 지식출판원
130-791 서울특별시 동대문구 이문로 107
전화 02)2173-2495~7
팩스 02)2173-3363
홈페이지 http://press.hufs.ac.kr
전자우편 press@hufs.ac.kr
출판등록 제6-6호(1969. 4. 30)
디자인 · 편집 (주)이환디앤비 02)2254-4301
인쇄 · 제본 현문자현 031)902-1424

ISBN 978-89-7464-952-4 93360 정가 13,000원

*잘못된 책은 교환하여 드립니다.

HU:iNE은 한국외국어대학교 지식출판원의 어학 및 사회과학도서 Sub Brand이다. 한국외대의 영문명인 HUFS, 현명한 국제전문가 양성의(International+Intelligent)의 의미를 담고 있으며, 휴인(携引)의 뜻인 '이끌다, 끌고 나가다'라는 의미처럼 출판계를 이끄는 리더로서, 혁신의 이미지를 담고 있다.